0歳からはじめる

子育ての英語

酒井文秀

（英文校正　Brooke Lathram-Abe）

ベレ出版

赤ちゃんを英語で育てながら
気づかぬ間にママも英語の使い手

はじめに

桜ちゃんはまだ３歳前ですが日本語と同じ位上手に片言英語を話します。桜ちゃんはごく普通の日本の家庭で育っています。

それはなぜなのか。

それはいたずら好きのおじいさんの仕業なのです。

隣に住んでいるおじいさん、昔高校で英語を教えていたのですが、毎日やって来る孫の桜ちゃんに、英語だけを話していればきっと桜ちゃんも英語を話し出すはずだと考え、いろいろ工夫をこらしながらそれを続けたせいなのです。

しかし、これは桜ちゃんの両親も知らないことになっている桜ちゃんとおじいさんの秘密の言葉であり、桜ちゃんには話しているのが英語だという認識もありません。

もくじ

ステップ 2

もくじ

ステップ 3

行事

補足

本書の考え方

これから述べることは、桜ちゃんを育てた実践論であり、本書を構成する基本的な考えです。

「どんな言葉であっても、それを習得するには『聞く話す』から入って『読み書き』に進まなければならない。なぜなら、『読み書き』は実物が存在しない思考の世界で行われるので、『聞く話す』の実物体験がなければ『読み書き』は成立しないからである。」

それでは外国語の場合はどうなのだろうか。外国語の場合も本来の言葉として外国語を身に付けようとするのであれば上記の法則に従う他はありません。

ところが、外国語の場合は、翻訳というものを通して母国語の実物体験を外国語の実物体験に置き換え、「聞く話す」の経験なしに「読み書き」に入ることもできます。このやり方は一見簡便でうまい方法のようですが、実は入ってはならないコースなのです。なぜなら、両言語の実物体験にはずれがあるため、どうしても意味に曖昧さが生じてしまいます。さらに、一旦入るといつまで経っても母国語から離れることができなくなるからです。これは「母国語を通して外国語の影」を見るようなもので、いくら続けても日常普通に使う言語に発展することはありません。

日本の学校で起こっている現象がこれです。いつまでたっても「英文和訳」とか「和文英訳」になる理由がおわかりいただけると思います。ここであえてこのようなお話をするのは、外国語であってもそれを言葉として学ぶのであれば、「聞く話す」の実物体験は避けて通れないということを申し上げたかったのです。

本題にもどります。それではどうやって「読み書き」の前に「聞く話す」の洗礼を受けさせるのか。そんなことがこの日本の一般家庭でできるのか。ここで思い出されるのが「言葉の学習は早いほどよい」という誰でも知っている定説です。「聞く話す」の経験を、最も効率よく、短時間で、しかも簡単な英語で、できるのは幼時期です。それなら普通の日本の家庭でも、手持ちの英語にちょっと工夫をこらせば、できないことはないのではないか。これを使わない手はない。これしかないというのがここでの結論です。そして、本書はそのちょっとした工夫のお手伝いをするために書かれたものです。

そうは言っても、このやり方に全く問題がないわけではありません。というのは、幼児期にこれを日本語と並行して行わなければならないからです。これは結構大変なことで覚悟も要ります。まず、しなければならないことは家庭内の役割分担です。例えば、お母さんとお父さんで日本語と英語を分け合うとか。お母さんが英語で日本語をおばあさん、お母さんが日本語で英語を大学生の妹か弟に頼むとか。英語は人形を使うなどして、お母さんの一人二役にするとか。ちょっと怖くて勧められないのですが、日本語はいつからでも始められるという理由で､取りあえずは英語から始めるとか。方法はいろいろ考えられます。

向こう見ずは困りものですが、英語を使える子供に育てたいのであれば、このチャンスは貴重です。逃すのはいかにももったいない気がします。多少の無理は承知で踏み出す必要があります。やっていれば英語を話すお友だちができるかもしれない（言葉にパワーを与え言葉を洗練するのは子供同士の遠慮のないやり取りです）し、新たに小学校に導入される英語教育を次のステップ「読み書き」として積極的に利用できるかもしれません。気持ちさえあれば思わぬところから道は開けてきます。しかし、踏み出さなければ何もやってくることはありません。

本書の構成

本書は、桜ちゃんのおじいさんが桜ちゃんに使用した言葉を整理し、誰でも使えるように桜ちゃんとお母さんを中心とした会話に編集し直したものです。

ここでは赤ちゃんの「聞く話す」の期間を大きく三つのステップに分けています。ステップ1は、赤ちゃんは動きまわることもできず、聞く一方で言葉のシャワーを浴びせられ、言葉の洗礼を受ける時期とします。ステップ2は、赤ちゃんは自分で動き回り言葉に反応し始め、よくわからないながらも言葉と行動を結びつけようとする時期とします。ステップ3は、赤ちゃんが自分に関係する言葉を覚え、それをまね、自分でもそれを使い始める時期とします。

本書はこの発達のステップに合わせて構成されています。ステップ1とステップ2はお母さんの一方的な話し掛け、つまりインプットのためのテキストとなります。ステップ3では赤ちゃんのアウトプットが始まります。アウトプットと言っても初めはほんの一言二言です。それがだんだん増えていき、やがて会話のようになっていくわけですが、ステップ3はこの微妙な時期を扱います。内容が多義に渡り期間も長いのでランダムな収録になりますが、テキストは赤ちゃんから言葉を引き出すための練習です。

内容的には、各ステップでよく起こるシーンを４０ずつ選定し、全体で１２０シーンを収録してあります。各シーンはそのままでも使えるようにページごとに一続きの話として4フレーズにまとめ、表題と日本語を付けました。しかし、実際に起こるシーンは固定されたものではなくいろいろに変化します。そのため見開きに解説欄を設け、解説をはじめ関連語句や関連表現、話が他に及ぶことに備えての「言いかえ文」などをたっぷり用意しました。テキストの組替や追加が必要な方にはすぐにもご利用いただけます。また、余裕が出たら、いろいろ言い方を変えてみることもできます。言い方を変えると、ゆったり感が出て、赤ちゃんにもいいし、きっとお母さんも楽しいと思います。なお、テキスト使用の詳細については各ステップの冒頭で詳しく説明します。

それから、巻末に「補足」として赤ちゃんのアウトプットを補助するための表現を用意しました。

また、音声についてですが、収録されているものは本文（含む「行事」）で、３種類の録音となります。①は日本語付きで、文全体を一つの単語のように話す話し方です、②は日本語なしで、文全体を一つの単語のように話す話し方です、③は英文を確認するためのもので、個々の単語まではっきりと話されています。

最後になりますが、本書に収められている会話の内容について少し触れておきます。「言葉は文化、文化は言葉」と言われます。赤ちゃんを生の日本語と生の英語に同時にさらせば、赤ちゃんは二つの文化の間で混乱します。下手すれば社会的不適応に陥るか、どちらもうまくやろうとすれば自己分裂を起こします。それは避けなければなりません。そこで、ここではっきりと自国の文化に標準を合わせ、躾などもそれに順応させるようにしています。そして、英語は文化としてではなく、意思疎通のもう一つの手段、つまり道具として使うようにします。そのため日本語に合う英語がない場合は英語を日本流に使うとか、それもできない場合は日本語をそのまま英語として使うようなことも出てきます。このような場合は、解説欄を利用し、できるだけ英語の考え方との違いがわかるようにしました。なお、日本語は冠詞も単複も無視して使用しています。

理想はあくまで、英語も使える立派な日本人、です。

[ダウンロード音声について]

音声は4つのファイルに分かれています。トラック番号は本文に表示してあります。

●日英 ……1時間5分

「日本語→英語」の順に読んでいます。英語は文全体を一つの単語のように話す話し方になっています。

●英語 ……38分

「英語」のみの音声です。文全体を一つの単語のように話す話し方になっています。

●英文確認用 ……36分

英文を確認するための英語のみの音声です。個々の単語まではっきりと話されています。

●行事 ……3分

263ページの「雛祭り」、265ページの「お盆」、267ページの「お正月」の英語のみの音声になります。英語は自然な話し方になっています。

[音声ダウンロードサービス]

本書の音声をベレ出版のホームページより無料でダウンロードできます。

〈音声のダウンロード方法〉
「ベレ出版」ホームページよりパソコンでダウンロードします。

①「ベレ出版」ホームページ内、『0歳からはじめる 子育ての英語』の詳細ページにある「音声ダウンロード」ボタンをクリック。
（URLは https://www.beret.co.jp/books/detail/786）

②8ケタのコードを入力してダウンロード。
ダウンロードコード gSSGpvTZ

③ダウンロードされた音声はMP3形式となります。パソコン、またはMP3音声対応のプレーヤーに転送して再生します。

お願いと注意点について

●デジタル・オーディオ、スマートフォンへの転送・再生方法など詳しい操作方法については小社では対応しておりません。製品付属の取り扱い説明書、もしくは製造元へお問い合わせください。

●音声は本書籍をお買い上げくださった方へのサービスとして無料でご提供させていただいております。様々な理由により、やむを得なくサービスを終了することがありますことをご了承ください。

音声の権利・利用については、小社ホームページにてご確認ください。

ステップ 1

ラクガキ

★ここでは桜ちゃんのおじいさんの実践の記録を紹介します。また、おじいさんは解説欄にもちょこちょこ登場してもらいます。そこではおじいさんの面白い持論が聞かれます。ご期待ください。

余談ですが、おじいさんは日本語では「ジジ」と呼ばれていますが、英語でもJijiです。なぜなのか。理由を聞いてみたいですね。

★腹を決めて始めたこととは言え、おじいさんはなんとも長い無反応に直面し、いろいろ考え

ここに収録してあるものは親が生まれたての赤ちゃんに話しかける、短い一般的な言葉です。項目ごとにまとめてありますが、固定したものではなく、そのままでも、どの場面からでも、組み合わせて使っていただいても、使い方は自由です。

目標は、言葉というものを全く知らない赤ちゃんに、英語のリズムや音声を体で覚えこませることです。とりわけ、リズムです。発音や言い方は後でも直せますが、リズムがないと英語になりません。

大事なことは、直接、行動に合わせて、繰り返し、しっかりと、赤ちゃんに語りかけることです。コツは、まず日本語でこれから自分が言おうとすることの意味を頭に入れ、文全体を一つの単語のように話すことです。こうすることで、リズムと音声を壊さずに話すことができます。付属のダウンロード音声を参考にしてください。

なお、この時期赤ちゃんの反応は期待できませんが、懐疑的にならず、根気強く語り掛けてください。やがて、赤ちゃんは意味がわからなくとも反応し始めます。

させられます。「いたいけない赤ちゃんにむごい負担を負わせているのではないか」、「赤ちゃんの頭は日本語と英語をどうやって区別するのか」、「赤ちゃんは本当に英語を話し始めるのか」。そして、「今か今か」と反応を待ちました。ところが、桜ちゃんの最初の反応は物音でした。人の声に対する反応はそれからなおも暫く時間がかかりました。

それはそうと、桜ちゃんにとっておじいさんがお母さんと同じくらい大事な存在になったのは、授乳や排せつも手伝ったせいかもしれません。

1 はじめまして

音声 001

□ ぐっすり眠っているわ。

You're in a deep sleep.

□ 人生の始まりだね。どんな人生になるんだろうね。

It's the start of your life. What life will it be?

□ 幸せな人生でありますように。

I wish you a happy life.

□ あら、お目々開けて。

Ooh, you opened your eyes.

眠るのは赤ちゃんの仕事の一つである。You're sleeping well. とも言える。

---

start は beginning としてもよい。後半は What kind of life ～？でもよい。it は「あなたの人生」。

---

wish 人～「人に～を願う」。I wish for your happy life. でもよい。wish は願望で、hope は希望である。I hope for your wonderful life.「素晴らしい人生であってもらいたい」とも言える。

赤ちゃんはこちらの気持ちがわかったかのように一瞬目を開けた。言いかえ「生まれてきてくれてありがとう」Thank you for being born.

2 授乳

音声 002

- [ ] ミルクの時間ですよ。

It's time for milk.

- [ ] こっちにおいで。さあ、飲みましょう。

Let me pick you up. Here you go.

- [ ] よく飲むわね。

You drink well.

- [ ] おいちい?

Is it yummy?

It’s time to drink milk.でもよい。なお、「授乳する」とか「母乳で育てる」はbreast-feedで、「調合粉ミルク」formula の場合はbottle-feedと言う。例えば、「母乳ですか、ミルクですか」はDo you breast-feed or bottle-feed?

---

pick ～ upは「拾い上げる」という意味だが、ここでは「ひょいとだっこする」。Here you go.「はいどうぞ」は人にものを勧める時。

You have a good appetite.とも言える。言いかえ「おや、まだ飲みたくないの」Um, you don’t want to drink yet?

---

yummyは形容詞で、good「おいしい」の幼児語。なお、yumとかyum-yum「おいちい、おいちい」という間投詞もある。

3 トントンしますよ

▶ 音声 003

☐ 飲んでしまって。お腹いっぱいなの?

Drink it up. Are you full?

☐ まだゲップしてないよね?

Haven't you burped yet?

☐ トントンしますよ。

Let me pat you on the back.

☐ はい、よくできました。

Good for you!

ここのit は、もちろんmilkのこと。後半はAre you done?「終わったの」でもよい。fullの場合は発音に注意。短く「フル」。「フール」と伸ばすとfool「バカ」という意味になってしまう。

ミルクの後のゲップは常識だそうである。burpには「〜にゲップさせる」の他動詞もある。「トントンしてくれる」はCan you burp her? となる。

---

pat は「軽くはたく」で、back は「背中」。「pat人 on the 体の一部」は英語独特の言い方である。簡単にLet me pat your back. と言ってもよい。

Good for you. はほめ言葉。赤ちゃんは何でもほめてあげることが大切なようである。Good job.「上手だ」などと言ってもよい。

④ よしよし

▶ 音声 004

- [ ] もう泣かないで。大丈夫よ。

  Don't cry, now. It's OK.

- [ ] よし、よし。

  There, there.

- [ ] どうしたの?

  What's wrong?

- [ ] 何が欲しいの?

  What do you want?

泣くのも赤ちゃんのもう一つの仕事である。このnowは気持ちを落ち着かせるための語で、「ねえ、〜」とか「〜（で/て）ね」の感じ。OKはokayともつづり、意味も同じ。もちろん、It's all right. も可。

There, there.「よし、よし」で、泣いている赤ちゃんや、小さい子供をなだめる言葉。There, now. とかNow, now. とも言う。

---

wrongは「不都合な」で、with 〜で具体的に不都合なものを示す。この場合ならWhat's wrong with you? と言ってもよい。

言いかえ 「お腹すいたの」Are you hungry? /「お漏らしなの」Did you wet yourself?

理由がわからず泣かれるのは切ない。言いかえ 「どうしてもらいたいの」What do you want me to do?

ステップ1

ステップ2

ステップ3

補足

5 かわいい

▶ 音声 005

▢ 桜、おはよう。

Good morning, Sakura.

▢ 今日はご機嫌のようだね。

You look happy today.

▢ 笑っているの？

Are you smiling?

▢ あら、かわいい！

Ooh, you're so cute!

午後ならGood afternoon.　夕方ならGood evening. であるが、すべてHello「こんにちは」かHi「やあ」ですますこともできる。

You seem to be in a good mood today. も同じような意味。

言いかえ 「あら、ご機嫌ななめなの」Oh, you are in a bad mood?

笑い方にもいろいろあるが、smileは「にっこり笑う」で、laughは「声を出して笑う」。

---

cuteは赤ちゃんなどに思わず出てしまう言葉で「かわいい」。なおprettyは一般的に「かわいらしい」を表す形容詞。

6 おしっこ

▶ 音声 006

☐ あら、おむつ替えるの忘れていた。

Uh-oh, I forgot to change your diaper.

☐ おしっこいっぱいしたわね。

You peed a lot, didn't you?

☐ 下着もぬれている。

Your underwear is wet, too.

☐ これでさっぱりね。

You're nice and clean now.

diaperは「おむつ」、イギリスではnappy。同じ忘れるでも、forget to do ～はまだやっていないことで、forget doing ～は既にやってしまったこと。

---

peeは「おしっこをする」で、名詞は「おしっこ」。pee-peeは普通「おしっこ」だが、動詞として使うこともある。「おしっこに行く」はgo pee。また、pee-peeには「ちんちん」という意味もある。Ooh, it's so heavy!「わあ、重い」とかOh, it's full!「わあ、パンパン」などもある。

---

underwearは「下着」。wetは形容詞で「ぬれた」、動詞では「ぬらす」で、ここではDid you wet your underwear? などと言ってもよい。

「さっぱりする」はneat and cleanとかall cleanとも言う。You feel fine now.「これで爽快ね」でもよい。

7 うんち

▶ 音声 007

□ うんちしたの？

Did you poop?

□ ちょっと見せて。

Let me take a look.

□ おお、くちゃい！

Oh, smelly!

□ お尻きれいきれいしようね。

Let's wipe your bottom.

poopは「うんちをする」という動詞だが、「うんち」という名詞もある。なお、イギリスではpooで同じ意味になる。

---

take はhaveと入れ替え可能。この後にat ～ をつけて具体的なものを提示できる。例えば、「おむつ」ならLet me have a look at your diaper.となる。

これはおどけた感じで使っている。丁寧に言えば、Oh, it's smelly.となる。

---

wipe「～をふく」。bottomは「お尻」。直接的な言い方は避けて、Let me get you cleaned up.「きれいきれいしましょ」と言うこともできる。

8 しゃっくり

音声 008

- [ ] しゃっくりなの?

You've started to hiccup.

- [ ] 大丈夫?

Are you all right?

- [ ] でも、どうしようもないよね。

It can't be helped anyway.

- [ ] すぐよくなるからね。

You'll get well soon.

hiccupは「しゃっくりをする」。yawnは「あくびをする」、sneezeは「くしゃみをする」、coughは「せきをする」、snoreは「いびきをかく」で、適宜入れ替えても使える。いずれも同じ意味の名詞がある。

That's too bad.「困ったね」とかIt will be all right.「大丈夫なんだから」などとも言える。なお、all rightはalrightともつづる。

「どうしようもない」の決まり文句。No one can help it.でも同じ。

---

get wellは「よくなる」。You'll feel better soon.などと言ってもよい。

9 むせる

▶ 音声 009

□ ミルクでむせたの? 服びしょびしょ。

You choked on milk? Your clothes are all wet.

□ ミルクみんな出してしまったのね。

You've spit out all the milk.

□ さあ、お着替えしましょう。

Now, let's change your clothes.

□ おー、ちゃむいちゃむい!

Oh, it's cold!

choke on ～「～で息がつまる」。allは副詞で「すっかり」で、all wet「びしょびしょ」となる。clothesは「衣服」、複数で使う。発音は「クローズ」または「クローッズ」。もちろん前半はDid you choke on your milk?と丁寧に言ってもよい。

spit ～ outは「～を吐き出す」で、もともとの意味は「唾を吐く」、変化はアメリカ英語ではないが、イギリスではspatとなる。

Okay, let's change into clean ones. でもよい。

寒暖のit。他にIt's [warm/ hot].「暖かい/暑い」など。

言いかえ 「おむつはどうかな」Let me see your diaper.

ステップ1 ステップ2 ステップ3 補足

10 よだれ

音声 010

□ ガラガラべたべただよ。

Your rattle is all sticky.

□ わあ、よだれが出ている。

Uh-oh, you're drooling.

□ ガラガラ舐めたんでしょう?

You licked it, didn't you?

□ さあ、お口きれいにしましょう。

Now, let me clean your mouth.

rattleはおもちゃの「ガラガラ」。stickyは「ねばねば/ぺたぺた」。ちなみに、「がらがら蛇」はrattlesnake。

---

droolは「よだれを垂らす」の動詞、「よだれ」という名詞もある。なお、「よだれ掛け」はbib。ちなみに、「唾液」はsalivaで、発音は「サライバ」。

---

lickは「舐める」。「吸う」はsuck。音を立てて「すする」はslurp。itは「ガラガラ」をさす。

もちろん、Now, I'll wipe your mouth.でもよい。

11 沐浴

音声011

- ☐ 服脱ぎますよ。

  Let me take your clothes off.

- ☐ まず、お湯につかりましょう。

  First, you should soak in the tub.

- ☐ 洗いますよ。お顔、ぽんぽん、背中、お手々、あんよ。

  Now, I'll soap and wash you. Face, tummy, back, hands and feet.

- ☐ 終わりました。石鹸きれいきれいしましょう。

  We're finished. Let's rinse you off.

take off ～は「脱ぐ」。なお、「着る」はput on ～で、「着ている」はwearである。

---

soakは水などに「つかる」で、Let the shirt soak.「そのシャツ水につけておいて」などとも言える。tubは「桶／たらい」だが、ここはbathtubのこと。

---

soapは「～に石鹸をつける」の動詞。名詞は「石鹸」だが、テレビの連続「メロドラマ」という意味もある。tummyは幼児語で「ぽんぽん」。backは「背中」。前半はNow, I'll wash you with soap.でもよい。

---

rinse ～ offは石鹸などを流し「～をきれいにする」の意味。Let's rinse off.とyouをはぶいてもよい。実際にお湯をかける場合はHere comes the water.「流しますよ」などと言う。

12 夜泣き

音声 012

□ もう何時間も泣いてるわ。

You've been crying for hours.

□ どうしたの? ゆでだこちゃんみたいになって。

What's the problem? You're as red as a boiled octopus.

□ どこか痛いの?

Do you feel any pain?

□ もしかして夜泣きなの?

Could it be night-crying?

have been ～ ingは動作動詞の継続で「泣き続ける」。for hoursは「何時間も」。You are crying so hard.「すごい泣き方ね」とかDon't cry so much.「そんなに泣かないで」などでもよい。

既出のWhat's wrong? でもよい。boiled octopusは「ゆでだこ」で、「ゆでだこのように赤い」は直訳。なお、アメリカには、顔がas red as a beet「赤カブのように赤い」という表現があるそうだ。

---

feel any painは「何か痛みを感ずる」。言いかえ「お腹が痛いの」Do you have a pain in your stomach?

このcouldは仮定法で「もしかして」の意味。日本語の「夜泣き」に当たる英語はないので、説明的にcrying at nightと言うしかないようである。（桜ちゃんのおじいさんは、それではあの「夜泣き」の実感が出ないので、night-cryingなどと言います。）どちらでもお好きな方をどうぞ。

13 ぐずる

▶ 音声 013

- [ ] はーい、桜。どうしていますか？

Hi, Sakura. How are you doing?

- [ ] まあ、まだねんねなの。

Oh, you're still sleeping.

- [ ] 昨日の夜はぐずっていたもんね。

You were cranky last night.

- [ ] ねんねしていなさい。

Keep on sleeping.

How are you doing?「どうしてる」は挨拶の一つ。How are you?「元気」でもよい。

You're still asleep. も同じ意味。なお、「目覚めている」はawake。

言いかえ 「人形とお遊び」Oh, you're playing with the doll.

---

cranky は「気難しい」で、bad-tempered と入れ替えても同じような意味になる。

---

keep on doing は「〜し続ける」で、keep doing も同じように「〜し続ける」だが、keep on doing は動作の継続や反復を強調する。

14 だっこ

▶音声 014

□ どうして泣くの?

What's making you cry?

□ もうミルクたくさん飲んだじゃない。

You've already drunk a lot of milk.

□ わかった。

I understand.

□ 抱っこしたいんでしょう?

You want holding?

make ～ do ～ は強制的に「～を～する」。現在形でWhat makes you cry? でもよい。Why not stop crying?「何で泣き止まないの」でも可。

---

a lot of ～ / lots of ～は量にも数にも使える。drinkは「～を飲む」だが、自動詞では「酒を飲む」という意味もある。例えば、「飲酒運転する」はdrink and driveと言う。

I understand.は「わかった」。なお、おもむろに「なるほど」I see.でもよいし、少し砕けて「わかったぞ」I got it.でもよい。

「抱っこ」も定番がない。英語的にはDo you want to be held? かDo you want me to hold you? あたりか。「抱っこ」はどうしても一語で決めたいので、ここではholdingを当てている。(桜ちゃんのおじいさんのお気に入りで、「おんぶ」もpiggybackではなく、back holdingなどと言います。)

15 お着替え

音声 015

- [ ] お着替えですよ。万歳して。

It's time to get dressed. Lift your arms up.

- [ ] お手々はここよ、袖に入れて。

Put your hand here in the sleeve.

- [ ] 足をばたばたさせないで。動かないで、お願い。

Don't kick your legs. Lie still, please.

- [ ] 赤が似合うわね。

You look so nice in red.

前半はIt's time to change your clothes.と言ってもよい。lift ～ up「～を持ち上げる」。

その他Where is your hand?「お手々はどこかな」などとも言える。
言いかえ 「頭から着ようね」Let's put it on head-first.

おむつや着替えを嫌がる子供に掛ける言葉。言いかえ 「ちゃんと立って」Stand still.などもある。

---

inの後には色だけでなく、服などをもってきてもよい。例えば、You look so nice in jeans.「ジーンズがよく似合う」などとも言える。また、Red looks so nice on you.と裏返しても言えるが、人の前の前置詞はon。

16 何が見える

▶ 音声 016

- [ ] お顔の上でお手々ひらひらさせているの。

You're moving your hand above your face.

- [ ] 何が見える?

What can you see?

- [ ] あなたのお手々よ。

It's your hand.

- [ ] 目が見え始めてきたんだね。

Your eyesight is beginning to work.

movingは「動かす」だがwavingなどでもよい。また、赤ちゃんによってはgazing at「じっと見る」子もいるそうだ。aboveもonも「〜の上」だが、aboveはonとはちがい直接接触していない。

---

seeは見て「認識する」で、lookは「〜の方を見る」。

---

itは見ているもの。

---

eyesightは「視力」。workは「機能する」。Your eyesight has begun to work.と言ってもよい。また、Your eyes are beginning to work.とも言える。

17 おしゃぶり

▶ 音声 017

□ お友だちの和樹ちゃんおしゃぶり持っていたわよ。

Your friend, Kazuki, was holding his pacifier.

□ いつも指しゃぶりでお母さん買ったんだって。

His mom got it because he was always sucking his thumb.

□ あなたは要らないみたいね。

You don't need to have one.

□ でも、あなたはしょっちゅうミルク瓶を欲しがるけど。

Instead, you always want a bottle of milk.

Kazuki はお母さんの知り合いの赤ちゃん。holdは「手に持つ」。pacifierは「おしゃぶり」。

getは「買う」でbuyでもよい。suckは「吸う」。suck one's thumbは「指しゃぶりをする」で、一般的には親指をしゃぶるのでこのように言う。

oneはもちろん「おしゃぶり」のこと。同種物だが同一物ではないので、itとはならない。簡単にYou don't need one.でもよい。

桜ちゃんは「おしゃぶり」は欲しがらないが、しょっちゅうミルク瓶(中身の入った)を欲しがる。

18 湿疹

音声 018

☐ お母さんによく見せて。

Let Mom have a good look.

☐ お尻にぶつぶつができている。

There's a rash around your bottom.

☐ これおむつかぶれね。

It's probably a diaper rash.

☐ お風呂上がったらお薬をぬってあげるわよ。

I'll put some ointment on it after a bath.

have a look「見る」だが、「よく見る」はlookの前にgoodか close を入れる。もちろん、Let me take a close look.などでもよい。

rashは「湿疹」とか「発疹」のことで、通常単数形で使う。around はonにしてもよい。その他によく目につくものに、「切り傷」cut、「虫さされ」bite、「おでき」boilなどがある。

a diaper rash は「おむつかぶれ」。

put ~ on ~「~を~に塗る」。ointmentは「軟膏」で、creamでもよい。 言いかえ 「傷口にばんそうこうはろうね」Let's put a Band-Aid on your cut.

19 お昼寝

音声 019

□ どこもかしこもきれいになったし。

You are all clean now.

□ ミルク飲んだらお昼寝しましょう。

Let's drink a bottle of milk and take a nap.

□ これで私もようやく一休みできるわ。

I can finally take a rest.

□ もう、こんな時間。一緒に寝こんでしまったんだわ。

Oh, look at the time! I fell asleep, too.

all clean は「すっかりきれい」。この言い方は p.29 参照。

take a nap は「お昼寝する」で、have a nap でもよい。

take a restは「一休みする」で、have a restでもよい。言いかえ「やっと自分の時間が持てるわ」I finally have my own time.

look at the time「もうこんな時間」は決まり文句。Is that the time? と言ってもよい。fall asleep は「寝込んでしまう」。なお、「うとうとする」はnod off。

20 寝返り

音声 020

- [ ] どうして泣いてるの？

What are you crying for?

- [ ] まあ、うつ伏せになっている。

Uh-oh, you're lying face down.

- [ ] 回れないの？

You can't roll over?

- [ ] はいはい、今助けてあげますよ。

There, now. I'll help you out.

cry for ～「～を求めて泣く」だが、「～を求めて叫ぶ」という意味にもなる。例えば、「彼は助けを求めて叫んだ」はHe cried for help.となる。

---

face downは「うつ伏せに」で、on one's stomachでもよい。なお、「仰向けに」はon one's backで、「横向きに」は on one's sideとなる。

---

roll over のもともとの意味は「寝返りを打つ」で、Can't you turn over? でも同じ。

There, now.「はいはい」とか「よしよし」。泣いている赤ちゃんや子供をなだめる言葉。p.25参照。help ～ outは「～を助け出す」の感じ。文字通り、「助け出してあげますよ」ならLet me get you out.となる。

21 予防接種

音声 021

□ うわあ、赤ちゃんがいっぱい！

Wow, there are lots of babies!

□ みんなインフルエンザの予防接種を受けるのよ。

They will all get a flu vaccine shot.

□ 痛くないんだからね。

It doesn't hurt, now.

□ ほーら！ 終わった。

There! It's done.

wowは日本語の「うわぁー」に相当するが、発音は「ワーウ」。

[get/ have] a ～ shotは「～の注射をしてもらう」。flu vaccine「インフルエンザワクチン」。簡単にget a flu shot と言ってもよい。fluはinfluenza「インフルエンザ」のこと。

このnowはp.25参照。See, it doesn't hurt.などでもよい。「痛い」の聞き方は「痛いの」Does it hurt? で「どこが痛いの」Where does it hurt? となる。答え方はMy head hurts.「頭が痛いの」などとなる。

there は「ほーら」。itは「注射」。また、「ほらね。心配することなんかないんだから」There you are. There is nothing to worry about.などと言ってもよい。

22 風邪かしら

▶ 音声 022

☐ 夜から時々咳をしているわね。

You've had a cough since last night.

☐ 風邪かしら。お熱はかってみましょう。

You might have caught a cold. Let me take your temperature.

☐ わあ、38度よりもあるわ。

Oh, it's more than 38 degrees.

☐ すぐお医者さんに行きましょう。

Let's go and see the doctor soon.

have a cough は「咳をする」。You have (often) been coughing since last night. としてもよい。

[catch/ get] a cold は「風邪をひく」。You might have a cold. でもよい。なお、「寒気がする」はchillyで、「ちょっと寒気がする」はI'm a little chilly. となる。take one's temperature は「体温をはかる」。

---

more than ～ は「～以上」。degree は「度」。

---

go (and) do は「行って～する」とか「～しに行く」の定番。see a doctor は「医者にみてもらう」だが、the doctor となっているのは「いつもの先生」の感じ。

23 歯が生える

▶ 音声 023

- [ ] ねえ、お口を開けてみて。

Dear, open your mouth.

- [ ] 歯が生えてきた。

You're teething.

- [ ] 上の前歯が2本だ！

Two front upper teeth!

- [ ] 順調に成長しているわね。

You're steadily growing up.

dearは親しい人への呼びかけで「ねえ/おまえ」の意味。最後にもっていってもよい。日本人には使いにくい。それではsweetieとかhoneyは。(桜ちゃんのおじいさんならSakura, open your mouth.と名前で呼ぶでしょう。)

teetheは「歯が生える」という動詞。ちなみに、「歯が抜ける」はA tooth [comes/ falls] out.

front teethは「前歯」で、upper teethは「上歯」。なお、「乳歯」はbaby teethで、「永久歯」はadult teeth。

似たようなものにEverything is going well.「すべて順調」がある。

言いかえ 「あなたはちょっと遅咲きかもね」You might be a bit of a late bloomer.

24 離乳食

▶ 音声 024

□ 食事の時間よ。

It's time to have a meal.

□ さあ、お椅子に座りましょう。

Now, let me help you sit on your chair.

□ 小魚と野菜を入れたお粥よ。

I cooked rice-meal with small fish and some vegetables.

□ どう、気に入った?

How do you like it?

「離乳食」はbaby food。have a mealは「食事をとる」で、eat a meal と言ってもよい。簡単にIt's time for a meal. とかIt's time to eat. でもよい。

---

help ～ (to) do ～は「～が～するのを助ける」。sit on ～は「～に座る」。ただし、やわらかいところに座る場合はsit in ～。簡単にLet's sit on your chair. でもよい。

---

rice-meal「お粥」は造語である。「お粥」はoatmealとかporridgeとは内容が違う。*okayu*はそのままの方がよさそう。withは「入れて」の意味。

「どう、気に入った」の決まり文句。言いかえ「ちょっと（熱い/しょっぱい）かな」Isn't it a bit [hot/ salty]? ちなみに、「辛い」も英語ではhotと言う。さらに「苦い」はbitter、「すっぱい」はsour、「甘い」はもちろんsweet。

25 食欲がない

▶音声 025

□ 今晩は食欲がないわね。

You don't have an appetite this evening.

□ 風邪はもう治ったんだし。

You've got over the cold.

□ どうしたんだろうね？

What seems to be the problem?

□ 熱もないし。心配することはないか。

Your temperature is normal. There's no need to worry, is there?

have an appetiteは「食欲がある」。この表現はミルクにも離乳食にも使える。もちろん、具体的にYou aren't drinking much.とかYou aren't eating much.でもよい。

---

get over ～は「～が治る」。もちろん、アメリカ式にYou've gotten over the cold.でもよい。言いかえ「朝からほとんど何も食べていない」You have eaten little since morning.

これはお医者さんの決まり文句「どうしました」でもある。

---

normalは「平熱」。There's no need to do ～は「～する必要がない」。worryは「心配する」。

26 猫ちゃんよ

音声 026

- [ ] お外見てごらん。

Look out of the window.

- [ ] 雨が降ってるわね。

It's raining.

- [ ] 猫ちゃんが歩いている。

There's a cat walking.

- [ ] 雨が降って、猫ちゃん寒そう。

She looks cold in the rain.

look out of the windowは「窓から外を見る」で、「〜の方を見る」ならlook toward 〜だし、「〜を覗き込む」なら look into 〜 となる。

言いかえ 「風が吹いているよ」The wind is blowing. /「雪だね」It's snowing.

---

there be動詞 人or 物　〜ingで「人または物が〜している」の意味。ちなみに、catの幼児語はkittyで、「子猫」はkittenである。

猫の性別がわからないので正しくはitだが、ここではsheで受けている。look coldは「寒そう」。lookの後にいろんな形容詞をもってこれる。例えば、You look [sleepy/ sad].「眠そう/ 悲しそう」など。

27 お外に出てみる

▶ 音声 027

☐ お日様が出ているよ。チューリップも咲いて。

The sun's out. Tulips are blooming.

☐ お外に出てみる?

Would you like to go out?

☐ 雀さんが来たよ。

Here come sparrows.

☐ 見て! 飛行機雲!

Look! A vapor trail!

out は副詞で「出ている」だが、「太陽が出る」はThe sun comes out. である。bloomは「咲く」。言いかえ「お外暖かそう」It looks warm outside.

---

would you like to do ～はdo you want to do ～と同じように「～したいですか」と尋ねる言い方だが、前者の方が丁寧な聞き方になる。

---

here come ～は「～が目の前にやってくる」。なお、「燕」はswallow、「鳩」はpigeon、「カラス」はcrow、「トビ」はkite。kiteには「凧」の意味もある。

Look! は「見て！」。vapor trailは「飛行機雲」。言いかえ「寒くない」Aren't you cold?

28 わんちゃん

▶ 音声 028

□ わんちゃんが吠えてるね。

The doggy's barking.

□ わんちゃん見る?

Do you want to see him?

□ 名前はミイというんだよ。女の子みたいだけど。

His name is Mii, though it sounds like a girl.

□ ミイは自分の家で一人で住んでいるんだよ。

He lives alone in his house.

doggyはdog の幼児語で、「わんわん」である。なお、「子犬」はpuppy。barkは「吠える」。

---

want to do ～「～したい」は便利な表現だが、want doing ～はだめ。犬の代名詞はitだが性別がわかればheか sheで受けてもよい。

前半はWe call him Mii.でも意味は同じ。sound like ～は「～のように聞こえる」。なお、「～のように見える」はlook like ～で、「～のように思える」はseem like ～。likeの後は名詞がくる。形容詞がくる場合はlikeはいらない。

「住んでいる」は進行形になりそうだが、be livingは一時的に住んでいる場合にしか使わない。alone は「一人で」の意味で、by himself でもよい。

29 お使いに行こう

▶ 音声 029

☐ 抱っこ紐気持ちよさそうだわね。

You seem good in the baby carrier.

☐ そこで寝てもいいんだよ。

You may sleep right there.

☐ まずは、市役所に行って。

First, we are going to City Hall.

☐ それから、ドラッグストアね。

Then, we'll drop by the drug store.

good は comfortable でもよい。baby carrier は「おんぶ」で使っても「抱っこ紐」。「おんぶ」は日本の景色から消えかかっている。(桜ちゃんのおじいさんは一度でいいから桜ちゃんを「おんぶ」して電車に乗ってみたいと思っています。)

---

may は助動詞「〜してもよい」で、疑問形にすれば丁寧な許可依頼。例えば、May I sit here?「ここに座ってもいいですか」となる。there は in the baby carrier のこと。感覚的に here になることもある。

---

first は「まずは」だが、行く所がたくさんあれば first of all「まず最初は」などでもよい。city hall は「市役所」。ちなみに、「保育園」は nursery school で、「幼稚園」は kindergarten である。

---

drop by は「立ち寄る」で、stop by でもよい。ちなみに、「スーパー」は supermarket、「モール」は shopping mall。

30 混み合う電車

音声 030

- [ ] 電車混んできたわね。

The train’s getting crowded.

- [ ] ベビーカー（乳母車）をちょっとつめますよ。

Let me move the stroller a bit forward.

- [ ] 怖くないんだよ。

You should not be afraid.

- [ ] おせんべい食べる?

Would you like to eat *osenbei*?

「～で混んでいる」なら、be crowded with ～となる。例えば、The zoo was crowded with children.「動物園は子供たちでいっぱいだった」。

move forwardは「つめる」の意味。ベビーカーはstrollerとかbuggy。（今時、乳母車なんて言うのは桜ちゃんのおじいさんぐらいでしょうか。でも、baby carriageなんて英語もありますよね。）

Don't worry.とかDon't be afraid.とかDon't be scared.などshouldを使わない言い方もいろいろある。

「せんべい」にはrice crackersなどという英訳もある。言いかえ「ああ、お願い。泣かないで」Oh, no. Please stop crying.

31 すぐ戻るからね

▶音声 031

□ ちゃんと、ここにいるんだよ。わかった?

Please, stay here, okay?

□ すぐ戻るからね。

I'll be right back.

□ 洗濯物を外に出さなくちゃ。

I've got to put the wash out.

□ ほら、戻ったでしょ!

Here you are!

また You're a good girl. Don't move around now.「いい子だから、動き回らないでよ」などと言ってもよい。もちろん、男の子の場合はgood boy。

---

rightは副詞で「すぐに」。I'll be back [soon/ in a minute]. などでもよい。

---

have got to do =have to doで「〜しなければならない」。put 〜 outは「〜を出す」。washは「洗濯物」で、他にはlaundryがある。
言いかえ 「洗濯物取り込まなくちゃ」I have to take in the laundry.

Here you are.は「はい、どうぞ」。ここでは自分を「はい、どうぞ」と差し出している。他に「いたいた」などの意味にも使われる。

32 かすり傷

▶ 音声 032

☐ あら、ほっぺにかすり傷があるわ。

There's a scratch on your cheek.

☐ お手々見せて、あら、大変。

Show me your hands. Oh, my goodness!

☐ 爪がこんなに伸びている。

Your nails have grown this long!

☐ この前切ったばかりなのに。

It was only recently that I cut them.

scratchは「かすり傷」。cheekは「頬」。

---

my goodnessは「おや、まあ」などの驚きをあらわす間投詞。

---

nailは「爪」。growは「伸びる」。this ～ は副詞で「こんなにも～」の意味。なお、that にも「あんなにも～」の表現がある。

---

it is ～ thatはonly recently「つい最近」を強める強調構文で、isでもよいが動詞が過去の場合は一般的にwas。普通にI just cut them recently.と言ってもよい。themは「爪」。

33 起き上がる

▶ 音声 033

- [ ] 起き上がってる！

You're sitting up!

- [ ] どうやって起き上がるのか見せて。

Show me how you sit up.

- [ ] 上手、上手！

Good going!

- [ ] はいはいもすぐだね。

It's not long before you crawl.

sit upは「起き上がる」で、get up とかstand up「立ちあがる」ではない。寝床などで上半身を起こすことである。

---

show me ～は「～を見せて」。howは「どうやって」。

褒め言葉の一つ。Good job!でもいいし、単にGood!「うまい」でもよい。

It is not long before ～ は「間もなく～だ」で、soonの意味。It won't be long before you crawl.と未来形にすればより正確。crawlは「はいはいする」。ちなみに、名詞では車の「徐行」とか水泳の「クロール」。

34 髪を切る

▶ 音声 034

- [ ] ようやく髪が結べるようになったわね。

Your hair has grown long enough to tie back.

- [ ] 前髪少し切るわよ。

Let me cut your bangs a bit.

- [ ] 一つ結びにする、二つ結びがいい?

Do you want your hair in a ponytail or pigtails?

- [ ] 二つ結びがいいかな。わあ、かわいらしい!

Let's try pigtails. You are so lovely!

grow は爪同様に髪が「伸びる」にも使う。tie back は「後ろで結ぶ」。（形容詞 / 副詞）enough to do「～するに十分なほど～だ」。ただし、名詞の場合は enough 名詞 to do ～となる。

---

bangs は「前髪」。a bit は「ちょっと」で a little でもよい。

---

in a ponytail は「一つ結び」で、in pigtails は「二つ結び」。pigtail は二つあるので複数形で使う。

---

try は「やってみる」。cute は「かわいい」の感じだが、lovely は「かわいらしい」の感じ。

35 いないいないばあ

▶ 音声 035

☐ 今日はお家で2人だけね。

We're two alone at home today.

☐ お気に入りのゲームでもする?

Want to play your favorite game?

☐ いないいないばあ！ いないいないばあ！

Peekaboo! Peekaboo!

☐ あ、笑った！ 本当にこの遊び好きだね。

Oh, you laughed! You really like the game.

ここのaloneは「一人で」という意味ではなく、名詞の後だけに使われる「〜だけ」という意味で、ここでは「二人だけ」となる。

往々にしてdo youを省略して、wantから始める。正確には、Do you want to play your favorite game? なお、favoriteにはそれ自体で「最も好きな」という意味があるのでmost favorite 〜 とは言わない。

---

peekabooは日本語の「いないいないばあ」に似たあやし言葉。やり方は、何かに身をかくし、「ピーカブー」と言いながらパッと現れる。なお、「いないいないばあ」式に「ピーカ、ブー」とやっても赤ちゃんは反応する。

赤ちゃんの笑いは本当に癒しである。(桜ちゃんのおじいさんもそれが見たくてよくやりました。) 前半はYou're laughing.でもよい。

36 こちょこちょ

音声 036

□ 何なの? その物欲しそうな顔は。

What do you want? That wistful look!

□ こちょこちょしてもらいたいの?

Do you want me to tickle you?

□ もう笑ってる。

You are already laughing.

□ こちょこちょこちょこちょこちょこちょこちょこちょ。

Tickle, tickle, tickle, tickle.

wistful は「物欲しそうな」。look は「顔つき」で、face でもよい。

tickle は「くすぐる」で、give 〜 a tickle でもよい。

laugh はもともと声を出して「笑う」だが、大きな声で笑うというのであればlaugh out loudと言う。

理由はよくわからないが、「こちょこちょ」が好きな赤ちゃんが多い。

37 はいはい

音声 037

☐ はいはいうまくなったわね。

You can crawl well.

☐ だめだめ、キッチンはだめよ。

No, not into the kitchen.

☐ はい、ちょっと。

Let me lift you up.

☐ キッチンはあぶないのよ。

The kitchen is dangerous.

動詞のcrawlは、虫などが「這いまわる」にも使われる。例えば、An insect is crawling up your back.「背中に虫が這っているよ」。

No, you can't crawl into the kitchen.のこと。その他に、はいはいしてはいけない所と言えばinto [the toilet / the porch]「トイレ/玄関」やon the ground「地面」などがある。

lift ～ upは赤ちゃんを抱き上げる時の言葉だが、この意味では既出のLet me pick you up.でもよい。

キッチンはkitchen knivesやboiling waterなど危険がいっぱいである。言いかえ「そこは(汚い/不衛生)でしょう」It's [dirty/ filthy].

38 お父さんお休み

音声 038

- [ ] 今日はお父さんにいっぱい遊んでもらいなさい。

Ask Dad to play with you a lot today.

- [ ] 抱っこ、高い高い、おん馬さんごっこ、そして他にもたくさん。

Holding, lifting (high), playing horseback and many others.

- [ ] 午後はみんなでお買い物に出ましょう。

Let's all go out shopping in the afternoon.

- [ ] それから、お食事もしましょう。

And then eat out in some restaurant.

ask ～ to do ～は「～に～をするように頼む」。play with ～は「～と遊ぶ」。

---

holdingは「だっこ」で、lifting (high) は「高い高い」、playing horsebackは「おん馬さんごっこ」の意味で使っている。

---

all はusの同格で「みんな」。go (out) shopping は「買い物にでかける」。なお、「～を買いに行く」はgo shopping for ～となる。

---

eat out は「外食をする」。Also we can eat out at a restaurant. などと言ってもよい。

39 何か言った

▶ 音声 039

□ 何か言わなかった?

Didn't you say something?

□「お母さん」と言わなかった?

I heard you say "Mom."

□ 聞き間違いかな?

Did I hear you wrong?

□ まだ、「アーアー」なの?

You are still babbling?

say somethingは「何か言う」。疑問文なのでanythingとなりそうだが、確かに「言った」と思う時はsomethingを使う。もちろん、Did you say something? と肯定疑問で聞いてもよい。

---

hear 人 do 〜は「人が〜するのを聞く」となる。なお、see 人do 〜は「人が〜するのを見る」である。例えば、「子供たちが通りを横切るのを見た」ならWe saw children cross the street.となる。

---

hear 〜 wrongは「〜を間違って聞く」の意味。なお、「〜を正しく聞く」はhear 〜 right。

---

babbleは「赤ちゃんがアーアーと言う」で、mumbleでもよい。言葉のつもりで発する音。

40 おやすみ

▶ 音声 040

☐ お目々つむって。ねんねの時間ですよ。

Close your eyes. It's time to sleep.

☐ いっぱい食べて、いっぱい遊んだね。ぐっすりおやすみ。

You ate a lot and played a lot. Now, sleep tight.

☐ お布団かけますよ。

I'll tuck you in.

☐ おやすみ。あかり小さくします。

Good night. I'm turning down the light.

動詞のclose「つむる」の発音は「クローズ」だが、同じつづりの形容詞「近い」、副詞「近くに」の発音は「クロース」である。なお、眠るのを見届けてからの定番Sweet dreams!「いい夢を」などもある。

---

sleep tightは「ぐっすり眠る」。最後を、ごろ合わせでNow, sleep a lot.などと言ってみるのも楽しい。

---

tuck ～ inは布団に「くるむ」とか布団を「かける」の意味。

言いかえ 「毛布掛けますよ」Let me pull up the blanket.

子供言葉でnighty night「おやすみ」という定番もある。turn down ～「小さくする」で、「消す」はturn offである。lightは「電灯」だが「信号」の意味もある。後半I'm dimming the light.などと言ってもよい。

ステップ2

ラクガキ

申し遅れましたが、桜ちゃんが1才半になる前に弟が生まれました。名前は航平と言いますが、家族はみんな航ちゃんと呼んでいます。桜ちゃんは弟をかわいがっているのですが、時には航ちゃんのミルクをとったり、意地悪したりもします。桜ちゃんは早くも人生の試練に直面することになりました。

おじいさんは娘夫婦に「桜にやったように航平にも同じようにしてください」と言われて、航ちゃんにも桜ちゃんと同じように接しています。航ちゃんはお姉ちゃんと一緒にテレビを見るせ

赤ちゃんは起き上がり、はいはいをし、歩き始めます。自我にも目覚め自己主張も出てきます。ここに収録してある言葉は動く赤ちゃんに語り掛けるものです。同じくテキストの追加変更などは自由です。

目標は、ステップ1同様にリズムと音声を大事にしながら、赤ちゃんに言葉と行動の関係を意識させることにあります。では、それをどうやってやるかと言えば、前にも増して赤ちゃんの行動やお母さんの行動に合わせたタイミングのよい言葉掛けです。こうすることで赤ちゃんは特定の言葉と特定の行動の関係を覚えていきます。うまくやるコツは、相当大げさに、褒めてみたり、怒ってみせたり、笑ってみせたり、嘆いてみせたりして、言葉と行動を結びつけることです。根気のいる仕事ですが、赤ちゃんの反応は喜びです。

相変わらず赤ちゃんは話しませんが、繰り返しているうちに、こちらの言うことに決まった反応を示すようになります。つまり、こちらの言うことがわかってくるということです。こちらの言葉掛け次第では、いたずらもやめるし、お手伝いさえします。いよいよお母さんの口慣らしも怠ってはいられません。

いか、半年過ぎぐらいからわけのわからないことをワーワー言い始めました。

初めおじいさんは二人のお世話は大変だなと思っていたのですが、実はやってみて全くそうでないことに気付いたようです。桜ちゃんと二人だけではどうにも理解させられないことが、航ちゃんに話し掛けているところを見せるだけで、簡単に理解してくれます。この時期、第三者の話を見せることの効力は想像以上に大です。その内、航ちゃんがおじいさんと桜ちゃんの話しを真似るかもしれません。そして、おじいさんまで航ちゃんの真似をしたりして --- まさか。

1 立ち上がる

音声 041

- [ ] ついに自分で立ち上がったんだね。

You finally stood by yourself.

- [ ] 感動的だわ！

It's really touching!

- [ ] この日のことはきっと忘れないわ。

I'll never forget this day.

- [ ] 写真撮らせて。

Let me take a picture of you.

「立つ」は他にget up とかget to one's feetなどがある。You're finally standing by yourself. とかYou can finally stand up by yourself. などでもよい。

人を主語にして「感動するわ」I'm so touched! / I'm deeply impressed! なども可。

このthis dayはもちろん立ち上がった日のことで、最後まで言えばwhen you stood by yourself for the first timeとなる。

---

take a picture of ～「～の写真を撮る」。なお、「～に～の写真を撮ってもらう」は have one's picture taken by ～ となる。

2 おはよう

音声 042

☐ おはよう。お目々開けてちょうだい。

Good morning! Time to wake up.

☐ よく眠れた？ 素晴らしい天気よ。

Did you sleep well? It's a beautiful sunny day.

☐ 今日はお外に出られるわ。

You can go out today.

☐ 朝ご飯できています。お着替えしましょう。

Breakfast is ready. Let's get dressed.

time to ～はIt'sの省略。wake upは「目を覚ます」。寝床から出る時間というのであればtime to get up。

言いかえ 後半「今日は雨よ」It's raining today.

go outは「外へ出る」だが、play outside「外で遊べる」と入れ替えてもよい。言いかえ「家にいなきゃならないよ」You have to stay [home/ indoors].

get dressedはパジャマから着替えるとか、よそ行きに着替える感じ。

③ お見送り

▶音声 043

□ お父さんに「行ってらっしゃい」しましょう。

Let’s say “itterasshai” to Daddy.

□ いい子にしているんだよ。

Be a good girl, now.

□ お仕事頑張ってね。

Good luck at work.

□ それじゃ、行ってくるよ。

See you. Bye-bye.

「行ってらっしゃい」とか「お帰りなさい」などは日本語の大事な挨拶だが英語では定番がない。(こんな時は桜ちゃんのおじいさんは日本語をそのまま使います。) なお、こんな時英語ではHave a [nice/ good] day! などと言う。

このnowは「いいですか」と念を押すというか確認するための言葉で、OK? の感じ。

---

good luckには「頑張って」と言う意味もある。at work「職場で」という意味。「職場で頑張って」はとても日本的な考え方で、英語ならTake care.「じゃ、気をつけて」などと軽く流すところ。

他にBye for now. / I'll be seeing you.「またね」などもある。

④ ごはん

音声044

☐ ご飯の前には「いただきます」ですよ。

You should say "itadakimasu" before a meal.

☐ いろいろ食べてね。

Try different things.

☐ スプーンは遊び道具ではありません。

The spoon is not for playing with.

☐ 終わったの? それじゃ、ごちそうさま。

Are you done? Then, say "gochisousama."

「いただきます」は日本の大事な躾である。宗教的な意味合いも含んだこの言葉に相当する英語は見当たらない。(もちろん、桜ちゃんのおじいさんは日本語をそのまま使います。) なお、定番ではないが、食事を始める時英語ではよく Let's eat. などと言う。

Don't eat the same thing(s).「同じものばかり食べないで」でもよい。 **言いかえ** 「あら、顔中ご飯粒だらけ」Oh no! There's rice all over your face!

最後の with は with the spoon からきている。Don't play with your spoon. などでもよい。なお、「フォーク」は fork で、「箸」は chopsticks。 **言いかえ** 「茶碗落とさないようにね」Watch out for the bowl.

「ごちそうさま」も「いただきます」と同種類の言葉である。なお、単に終わったと言うのであれば、I'm done. / I'm finished.「終わりました」でよい。

5 お気に入り番組

音声 045

☐ 好きな番組が始まるよ。アツ子お姉さん呼んでる。

Your favorite program is starting. Atsuko *oneisan* is calling.

☐ さがって見なさい。もうちょっと。いいわよ。

Stay back and watch. A bit more. Good.

☐ 桜、一緒に踊らないの? 私も?

Sakura, why don't you dance with them? Do you want me to dance?

☐ おっと、ガスを消し忘れていたわ。

Oops, I forgot to turn off the gas.

be starting は予定の進行形。アツ子お姉さんはテレビに出てくる歌のお姉さん。

stay back は「後ろへさがる」で、sit back も同じような意味だが、「くつろいで座る」という意味もある。なお、テレビからと言うのであればその後に from the TV をつける。a bit more は a little more でもよい。

Why don't you do ～？「なぜ～しないの」。**言いかえ**「うあ、踊るのうまいのね」Wow, you dance well!

Oopsは何か失敗をしたようなときに発する間投詞。ガスを「消す」は turn off で、ガスを「つける / 上げる / 下げる」は turn [on/ up/ down] となる。

ステップ1
ステップ2
ステップ3
補足

6 よちよち歩き

▶ 音声 046

□ ついこの前までつかまり歩きだったのに。

Until recently, you could not walk without holding onto something.

□ 今はもうよちよち歩いている。

You’re toddling now.

□ 間もなく家中歩き回るね。

You’ll be walking around the house soon.

□ 子供の成長は何とも早いわね！

Children grow so fast!

until recentlyは「最近まで」。without ～ は「～なしで」。hold onto ～「～につかまって」で、onto の後に具体的なものがあれば入れる。例えば「テーブルにつかまって」onto the table。

---

toddleは「よちよち歩く」。なお、toddlerと言えば「よちよち歩きの幼児」のこと。

---

around には「～周り」という意味と「～のあちらこちら」という意味がある。もちろん、ここは家の周りを歩くのではない。

How fast children grow! とかChildren are growing so quickly. などでもよい。

7 車でお出かけ

音声 047

☐ シートベルト締めましょうね。

Let me fasten your seat belt.

☐ 1歳児健診を受けるのよ。

You'll have to take the one-year-old medical check-up.

☐ 山田先生にお会いするんですよ。

You'll be seeing Dr. Yamada.

☐ 山田先生何ておっしゃるかな。

I wonder what he'll say.

Let me buckle you up.でもよい。なお、シートベルトを「外す」はunfasten/ unbuckle である。

健診を「受ける」の動詞はhaveでもよい。medical check-upは「健診」。「1歳児健診」はthe medical check-up for one-year-oldsでもよい。

未来進行形は未来の進行だが未来の予定にも使う。もちろん、山田先生はお医者さんなので、このseeは「お医者さんに診てもらう」の意味。

---

wonderの後に様々な疑問詞を持ってくることができる。例えば、I wonder who he is.「あの人誰だろう」のように使える。

8 レストランで

▶ 音声 048

□ お母さんのツルツル茶碗に分けてあげるね。

I'll dish out my noodles into your bowl.

□ お父さんから食べさせてもらって。

Ask Dad to help you eat them.

□ おいしい？ うどんには目がないわね！

Is it yummy? Your favorite food!

□ あら、ココも食べたいの？ はいはい、あなたの好物、ミルクよ。

Uh-oh, Koko, you want to eat, too? Here's your favorite, milk.

dish out は「皿に取り分ける」。noodles は「うどん」。bowl は「茶碗」。I'll give you some of my noodles. と言ってもよい。なお、「ラーメン」はChinese noodles、「日本そば」は*soba* or buckwheat noodles。

---

ask ～ to do ～ はp.93参照。help ～ (to) do ～ はp.65参照。

言いかえ 「だめ、お手々で食べちゃだめ」No, you can't eat with your hands.

桜ちゃんはツルツル（麺類）に目がない。favorite は「目がない」にぴったりの感じ。

ココは生まれたばかりの桜ちゃんの弟。みんながeat なので、ココちゃんまでeat。

9 大好きなお歌

音声 049

☐ 交通渋滞に巻き込まれたみたい。

We seem to be stuck in traffic.

☐ 泣かないで。シートから出たいの?

Don't cry. You want to be unbuckled.

☐ 「げんこつ山」でも聞く?

How about listening to "genkotsuyama"?

☐ ぐずったら、これだね。

The song will do whenever you get cranky.

be stuck in 〜 は「〜に巻き込まれる」。ちなみに、stuckと言えば、The drawer is stuck.「この引き出し動かない」などとも言う。traffic は「交通」。

---

unbuckleはシートベルトを「外す」。「シートから出る」は get out of your seatでもよい。

---

hear 〜 は聞こえてくるので「〜を聞く」だが、listen to は聞こうとして「〜を聞く」。genkotsuyamaは「げんこつ山の狸さん〜♪」の童謡。桜ちゃんお好みの歌で、これを聴くとすぐ眠る。

---

will do は「間に合う」とか「十分である」。whenever は「する時はいつでも」。get crankyは「ぐずりだす」。前半はThe song will help でもよい。

10 祖父母からの贈り物

▶ 音声 050

☐ おじいちゃんとおばあちゃんからの贈り物よ。

Here's a present from your grandparents.

☐ 何だろうね。

I wonder what it is.

☐ かわいい靴。履いてみる？

Cute shoes. Do you want to give them a try?

☐ ぴったりだね。おしゃれだ！

They fit fine. You look smart!

Here is ～ は人に何かを見せたり、注意を促したりする時に使う。present from ～は「～からの贈り物」で、「(あなたへ/誕生日)の贈り物」なら present for [you/ your birthday] となる。

I wonder wh ～は p.113 参照。ちなみに、疑問詞がないと I wonder if ～で「～はどうでしょうか」となる。例えば、I wonder if it will be fine tomorrow.「明日は晴れるだろうか」となる。

---

give ～ a try は「着てみる」「履いてみる」「被ってみる」の意味。後半の「履いてみる」は Do you want to try them on? でもよい。この cute は「かわいい～」だが、単独で使った場合は p.27 参照。

---

fit fine は「ぴったり」。smart は「おしゃれ」だが、「かっこいい」なら cool となる。両方とも人にも物にも使える。

11 わんわんふわふわ

音声 051

☐ ミーしっぽをふってるわよ。

Mii's wagging his tail.

☐ あなたとお友だちになりたいんだよ。

He'd like to be friends with you.

☐ 触ってみる?

Do you want to touch him?

☐ こわくないんだよ。触ってごらん、ふわふわ。

He's not scary. Feel his fluffy hair.

Miiは犬の名前。wag は「しっぽをふる」の意味。

言いかえ 「猫ちゃん陽だまりで寝てるよ」The cat is sleeping in the sun.

He'dの(d)はwould。「友だちになる」のbe friends with ～の(s)に注意。

---

touchは「触れる」。なお、patは「トントンする」で、strokeは「なでる」で、入れ替えても使える。

---

scaryは「こわい」。このfeelは「感ずる」ではなく手で「触る」の意味。fluffyは「ふわふわの」。hairはもちろん動物なのでfurでもよい。

12 お友だちが来る

▶ 音声 052

- [ ] 今日は家にお友だちが来るわよ。

You'll have a friend at home today.

- [ ] 同じ年の男の子よ。

He's a boy of your age.

- [ ] おもちゃを貸してあげるんだよ。

Can you share your toys with him?

- [ ] あー、来たようね。

Oh, he seems to have come.

have 〜 at home「〜を家に迎える」の意味。単純に、A friend will come to see you today. でもよい。

(of) one's age は「同い年」という意味。He is the same age as you. と言ってもよい。なお、「〜才の女の子」なら a girl of 〜 (years) となる。

---

share 〜 with 〜は「〜と〜を共有する」。right「わかった」を付け加えたければ You can share your toys with him, right? となる。
言いかえ「やさしくしてあげるんだよ、いい」Be [nice/ kind] to him, OK?

---

seem to have done は「〜したようだ」。He's coming! でも He's here! などでもよい。言いかえ「彼は10時に来ます」He'll be here at 10.

⑬ 人見知り

▶ 音声 053

- [ ] 伯父さんと伯母さんにご挨拶は。

  Say hello to your uncle and aunt.

- [ ] おじぎ上手じゃない。今日はどうしたの？

  You're good at bowing. Why not today?

- [ ] 私の後ろに隠れようとしている。

  You're trying to hide behind me.

- [ ] もしかして、人見知りなの？

  Perhaps, you are shy among strangers?

say hello to ～は「～にこんにちはと言う」となる。親しい人なら say hi to ～ と言うこともできる。（桜ちゃんのおじいさんの場合は日本語を話す人には日本語が原則なのでここは日本語でのやり取りになります。）

桜ちゃんはまだ言葉は言えないが、挨拶代わりに腰を屈めてにっこりする。このbowの発音は「バウ」。be good at ～ は「～が得意」。Why not today? はWhy don't you bow today?のこと。

---

try to do ～は「～しようとする」。hide behind ～「～の後ろに隠れる」。

---

perhapsは「もしかして」。shyは「恥ずかしがりの」で、among strangersが付いて「人見知り」となる。仮定法でCould it be shyness among strangers? などとも言える。

14 言うことはわかる

音声 054

□ ここへ来て、お座りしなさい。

Come and sit on your chair.

□ よくできました。

Well done.

□ こちらの言うようにやれる。

You can do as I say.

□ だんだん言葉がわかってきたんだね。

You're beginning to understand words.

come (and) do ～は「来て～する」とか「～しに来る」の定番で、p.61のgo (and) doと対比する。

これも誉め言葉の一つ。「～できて立派」はfor ～と続ける。例えば、Well done for thanking your friend.「お友だちにお礼を言えて立派ね」となる。

---

asは接続詞で「～のように」。as以下はas you're told.でもよい。

---

wordsは「ちょっとした話」。また、You seem to be able to understand words.「言葉がわかるようだね」などとも言える。

15 ぬいぐるみ

音声 055

- [ ] ぬいぐるみがたくさんあるわね。どれと遊ぶ?

You have a lot of stuffed animals.
Which do you want to play with?

- [ ] くまさん? きりんさん? うさちゃん? ぶたちゃん?
くまさんとうさちゃん、いいわよ。

Bear? Giraffe? Bunny? Piggy?
Bear and bunny, OK.

- [ ] 初めまして、僕くまです。

Nice to meet you. I'm Bear.

- [ ] 初めまして、くまさん。私うさ子です。

Nice to meet you, Bear. I'm Bunny.

stuffed 〜は「ぬいぐるみの〜」。ちなみに、「おもちゃの〜」はtoy 〜。例えば、「おもちゃの自動車／ おもちゃの兵隊」はtoy car/toy soldierとなる。

---

bunny「うさちゃん」やpiggy「ぶたちゃん」は幼児語。他によく出てくる動物としては「ライオン」lion、「トラ」tiger、「カバ」hippo、「キツネ」foxなどがいる。

Nice to meet you. I'm 〜 .「はじめまして、私は〜です」は自己紹介の形式。なお、二度目以降はNice to see you. となる。

上記の自己紹介に対する返礼で、同じことを繰り返す。

16 砂遊び

音声 056

▢ シャベルとバケツ、上手に使えるんだね。

You can use your shovel and bucket well, can't you?

▢ 何を作っているの?

What are you making?

▢ わかった。お城作っているんでしょう?

I understand. You're building a castle?

▢ お母さん、そこへ立てるすてきな旗をあげましょう。

OK. Mom gives you a nice flag to put up in it.

shovelは「シャベル」で、bucketは「バケツ」。付加疑問で、念押し。

少しもったいぶって、I'm wondering what you're making.「さてさて、何作っているのかな」などと言ってみてもよい。

I understand.はp.45参照。castleは「お城」。なお、他に砂遊びで作るものは「お家」house、「お船」ship、「トンネル」tunnel、「飛行機」airplaneなどがある。

---

flagは「旗」。itは「お城」。put upは「立てる」。

17 ままごと

▶ 音声 057

☐ 何を料理しているの?

What are you cooking?

☐ まあ、ケーキを焼いているの?

Wow, you're baking a cake?

☐ おいしそうだね。

It looks good.

☐ できたら呼んでね。

Call me when it's ready.

「ままごとをする」はplay houseである。ちなみに、「ご飯を炊く」は[cook/ boil] riceで、「みそ汁をつくる」は[cook/ make] miso soupである。

「ケーキを焼く」はbake a cakeで、cook a cakeとは言わない。

言いかえ 「夕飯の支度をしているの」Are you cooking dinner?

---

goodはdeliciousでもよい。もちろん、赤ちゃんなのでyummyでもよい。

---

be readyは「準備ができている」で、「～の準備ができている」ならbe ready for ～ となる。例えば、「出発の準備はできているの」Are you ready for the departure? となる。

18 金魚さんはどこ

▶ 音声 058

- [ ] 「金魚さんはどこ」の絵本好きね。

You like this book, "Where's the Goldfish?"

- [ ] さあいくわよ。金魚さんどこかな?

Here we go! Where is the goldfish?

- [ ] そう、テーブルの下にいました。ページめくって。

Yes, he's hiding under the table. Turn the page.

- [ ] 金魚さんはどこかな? よく探して。いたいた。

Where is the goldfish? Look carefully. Here it is!

原本のタイトルは「きんぎょがにげた」になっている。いずれにせよ、逃げる金魚を探す本。

Here we go! は「さあ、始めるよ」。Here you go.「はい、どうぞ」と混同しやすいので注意。

hide は「隠れる」。turn the pageは「ページをめくる」で、Go on next.「次は」でもよい。 言いかえ 前半「金魚はお菓子の瓶に逃げ込みました」It has fled into the jar of treats.

Here it is! は「いたいた」で、「見つけた」foundの意味。もちろん、It is here!「いた」と言ってもよい。

19 何やってるの

▶ 音声 059

□ そこで何やってるの?

What are you up to there?

□ 引き出しから衣類を全部出してしまったのね。

You've pulled all the clothes out of the drawer.

□ いい子にしていると思っていたのに。

I thought you behaved yourself.

□ 近頃はすっかりいたずらっ子ね。

You're so mischievous these days.

be up to ～ はあまりよくないことを「やらかす」の意味。Are you up to something there? でもよい。なお、What are you doing there?「そこで何しているの」はまともに聞く場合。

---

pull ～ out of ～は「～から～を引き出す」。clothesはp.35参照。clothesはp.35参照。drawerは「引き出し」で発音は「ドローア」。言いかえ「あ、ママの化粧品いじっている」Ooh, you are fooling with Mom's cosmetics.

---

behave oneselfは「行儀がよい」で 反対にbehave badlyは「行儀が悪い」である。過去進行形でI thought you were behaving yourself. と言ってもよい。

---

mischievousは「いたずらっ子の」。these days は「最近」。latelyでもよいが、こちらはYou've been mischievous lately. と現在完了形で使う。

ステップ1
ステップ2
ステップ3
補足

20 お片付け

音声 060

□ 部屋中おもちゃだらけよ。

There are toys all over the room.

□ 一緒にお片付けしましょう。

Let's put them away together.

□ プラスチックのおもちゃはこの箱に入れましょう。

Put the plastic ones into the box.

□ ぬいぐるみは元の場所に戻しましょう。

Put the stuffed animals back where they were.

all over ～ は「～ 中 」。Your toys are all scattered around the room. でも意味は同じ。散らかすものにはdolls「人形」、playhouse kit「ままごとセット」、cars「自動車」、books「本」などいろいろある。

---

put ～ away「片付ける」で、tidy ～ awayとかclean ～ upでもよい。

---

put ～ in(to) ～「～を～に入れる」。このonesはtoys。ちなみに、「ビニール袋」はplastic bagと言う。

---

put ～ back「～をもどす」。stuffedはp.129参照。where they wereは「元の場所」。

21 スマホ

▶音声 061

- [ ] 何をいじっているの?

What are you fooling with?

- [ ] スマホはだめよ。アプリに触らないで。

No smartphone. Don't touch the apps.

- [ ] おばあちゃんをさがしたいの? わかったよ!

Want to search for Grandma? OK!

- [ ] ほら、出たよ。

Here you are.

fool with ～「～をいじる」で、play with ～ でもよい。 言いかえ 「また、テレビのリモコンいじっているの」Are you playing with the TV remote again?

no ～ は「～だめ」。きつく言う場合は、Stop it!「やめなさい」となる。appsは「アプリ」。

このwant はp.87参照。search for ～は「検索する」。

「はいどうぞ」の意味で既出のHere you go.でもよい。 言いかえ 「今は外出中みたい」She might be out right now.

22 痛い痛い

▶ 音声 062

□ テーブルに気を付けて、と言ったでしょうに。

Watch out for the table. I told you.

□ いやねえ！ 降りる時に鼻を打ったんだわ。

Oh no! You hit your nose on the table when you got down.

□ おお、痛い痛い。血は出ていない。

It hurts terribly. There’s no bleeding.

□ よし、よし。泣かないで！

There, there. Don’t cry!

watch out for ～は「～に気を付けて」で、be careful of ～ と入れ替え可。I told you (so).「(そう)言ったでしょうに」の決まり文句。I told you to watch out for the table. と言ってもよい。

---

hit ～ [on/ against] ～ は「～に～をぶつける」。get down ～「降りる」。なお、「～を打撲する」はget a bruise on ～である。bruise の発音は「ブルーズ」。

---

it hurts は具体的な場所は言わない。hurt「痛い」のさまざまな使い方はp.59参照。terribly は「ひどく」。bleeding は「出血」。
言いかえ 後半「鼻血が出てる」You're getting a nosebleed.

There, there. はNow, now. でもよい。p.25参照。言いかえ「痛いの、痛いの、飛んでいけ」Pain, pain, go away. の定番もある。

ステップ1 ステップ2 ステップ3 補足

23 目が離せない

音声 063

- [ ] 家中を走り回る。

You run around the house.

- [ ] 物を落としたり壊したり。

You drop something or break it.

- [ ] ぶつかったり、転んだり。

You bump against something or fall over.

- [ ] しまいには怪我をする。目が離せない。

You end up getting hurt. I can't take my eyes off you.

run around は run about でもよい。言いかえ「勝手にショッピングモールを走りまわらないで」Don't run here and there around the shopping mall.

---

drop は「～を下に落とす」。break は「壊す」。You drop things or break them. と言ってもよい。

---

bump against ～は「ぶつかる」で hit against ～と同じ。fall over は「つまずいて転ぶ」で trip and fall のこと。You run into things or fall down. などと言ってもよい。

---

end up ～ ing は「結局 ～で終わる」。get hurt は「怪我をする」。take one's eyes off ～ は「～から目が離せない」。前半は You always get hurt.「怪我ばっかり」などと言ってもよい。

24 わがままはだめ

▶ 音声 064

- [ ] 本当に強情なんだから。

You are really stubborn, aren't you?

- [ ] 一度言い出したら聞かない。

You never give in once you insist.

- [ ] 癇癪（かんしゃく）はだめ。落ち着きなさい。

No throwing a tantrum. Please calm down.

- [ ] なんでも自分の思うようにはなりません。

You can't always have your own way.

stubborn は「意地っ張り」。You are so obstinate.「頑固だね」などでもよい。

give in は「折れる」。once は接続詞で「一度～すると」。insist は「言い張る」。簡単に You never give in, do you?「はい、って言えないの」でもよい。

no ～ ing は「～はだめ」。throw a tantrum は「癇癪(かんしゃく)を起こす」。calm down は「落ち着く」。後半の「落ち着きなさい」は Take it easy. でもよい。

not always は「いつも～とは限らない」。have one's (own) way は「自分の思い通りにする」。言いかえ「いい加減にしなさい」Enough is enough.

25 ごみ出し

▶ 音声 065

□ ココ眠っているので、お母さんゴミ出してくるよ。

Koko is sleeping. Mom will put the garbage out.

□ すぐ戻るけど、一緒に行く?

I'll be back soon. Will you go with me?

□ ココと一緒にいてくれる?

Can you stay here with Koko?

□ お母さんと行くの? いいわよ。

You want to go with me? OK.

put out ～「～を出す」だが、take outでもよい。garbage は「生ごみ」。言いかえ「お母さんごみステーションの掃除に行ってくる」Mom will go and clean up the garbage dump.

Will you do ～？は相手の意思を尋ねる時で「～はどうする」のように使う。Would you like to go with me?の方がより丁寧な聞き方。

here は here in the house のこと。

OK は「了解」の意味。言いかえ「ここにいなさいよ。雨降っているし」You should stay home. It's raining.

26 新聞持ってきて

音声 066

□ 桜、こっちへ来て。

Sakura, come over here.

□ お願いがあるんだけど。

May I ask you a favor?

□ あっちへ行って新聞もって来てくれる?

Can you go and bring the newspaper?

□ ありがとう。助かるわ。

Thanks. You're so helpful.

come here. でもよいがoverを付けると少し離れている感じがする。Come (over) to me. などとも言う。

May I ask a favor of you? でもよい。これは人に物を頼む場合だが、人に物を尋ねる場合はMay I ask you something?「ちょっと聞きたいことがあるんだけど」となる。

---

go (and) do はp.61参照。ここはbringの代わりにgetを使ってもよい。言いかえ「そこへ行って窓開けてくれる」Go and open the window.

Thanks. はThank you. を簡潔にしたもの。「助かるわ」You're a big help. などとも言える。

27 洗濯物渡し

▶音声 067

☐ 洗濯物渡してくれるの?

Are you handing me the wash?

☐ ありがとう。お母さんたためるわ。

Thank you so much. Mom can fold it.

☐ もうお手伝いできるんだね。

You're big enough to help me.

☐ ああ、それはもう終わったのよ!

Hm, we're done with it!

洗濯物と言っても、ここは乾いて取り込んだ洗濯物の事である。hand と meを入れ替えればthe wash to me となる。

---

fold「折る/たたむ」。なお、「二つに折る」はfold in［two/ half］。前半は「助かるわ」It's so helpful.などでもよい。

---

enough についてはp.85参照。

---

be done with ～「～は終わってしまった」。たたんだものをまた渡そうとするので。

28 お布団敷

音声 068

- [ ] お布団敷だよ。あなたの大好きなお手伝い！

It's time to make *ofuton*. Your favorite chore!

- [ ] お母さんお布団しいたよ。それからシーツもね。

Mom has spread *shikibuton*, and then the sheets.

- [ ] 桜、あなたの番よ。枕並べて。

Your turn, Sakura. Put the pillows on them.

- [ ] ありがとう。よくできました。

Thanks. Good job.

「布団」は*ofuton*と言うのが一番のようである。敷布団はmattressで掛布団はcomforterで代用できないこともないが、ベッド用。choreは「雑事」で、発音は「チョアー」。(桜ちゃんのおじいさんにはmake ではなく spreadだよと言われそう。)

英語にはmake a bed「ベッドを整える」という言い方があるが、布団の場合はspread を使いたい。なお、「(〜の)お布団を(たたんで)(押し入れに)片付ける」は(fold and) put away (one's) *ofuton* (into the closet)ではどうか。

---

turnは「出番」の意味。「(押し入れから)〜を出す」と言うのであれば、[get/ take] 〜 (out of the closet)となる。

---

good job は「よくできました」とか「ご苦労さん」などの意味で、good workとも言う。

29 お花に水やり

▶音声 069

□ お父さん裏庭でお花に水やっているわよ。

Dad's watering the flowers in the backyard.

□ あなたもお手伝いする?

Do you want to help him?

□ それじゃ、お帽子被って、お靴はきましょう。

Then, put on your hat and shoes.

□ 転ばないようにね。

Watch your step.

waterの動詞は「水をやる」。backyardは「裏庭」。言いかえ「お父さんプランターにお花を植えている」Dad's planting flowers in the planter.

---

help ～ (with ～)「(～で)～を手伝う」。手伝う内容を言う場合はwith ～と続ける。言いかえ「ここに座って見ていなさい」Sit here and watch him watering.

服だけでなく、帽子も靴もput onで間に合う。

ストレートに言えば、Take care you don't fall.「転ばないようにね」となる。

30 バスでお出かけ

▶ 音声 070

□ バスが来るよ。気を付けて!

The bus is coming. Be careful!

□ はい、乗りますよ。今の時間ガラガラだね。

Now, get on the bus. It’s almost empty at this time of the day.

□ プレゼント床に落とさないようにね。

Take care you don’t drop the present onto the floor.

□ 次の停留所で降りますよ。

We’ll get off at the next stop.

「バスが来る」はHere comes the bus. でもよい。Be careful!「気を付けて」だが、急を要する場合はWatch out!とかLook out!「危ない」になる。

---

get on はバスとか電車に「乗る」。almost emptyは「ほとんど空」。at this time of the day「1日の今頃」はthe week、the month、the yearなどにも使える。言いかえ「ここから何が見える」What can you see from here?

---

take care (that) ～「～に気をつける」。be careful not to drop ～を使ってもよい。drop ～ on（to）～ は「～を～の上に落とす」。

---

get off はバスや電車から「降りる」。stop はバスの「停留所」とか電車の「駅」。

31 お散歩

音声 071

☐ 天気の良い日の散歩は最高だね。

It's great to take a walk on a fine day.

☐ いろんな車が通るわね。

Many different vehicles are passing.

☐ お手々しっかりつないで。

Hold on tight.

☐ 公園はもうすぐよ。

The park is just around the corner.

take a walk「散歩する」だが、「ドライブする」はtake a driveである。greatはnice「すばらしい」でもgood「気持ち良い」でもよい。なお、「雨の日に」はon a rainy dayで、「風の日に」はon a windy dayとなる。

vehicleは「車両」。言いかえ「(消防車/救急車)が走っていくよ」There is [a fire engine/ an ambulance] running!

hold on tightは「しっかり手をつなぐ」。他に、Hold hands (with me). / Hold my hand.などと言ってもよい。言いかえ「ふらふらしないで。危ないよ」No wandering off. It's dangerous.

just around the cornerは「すぐそこ」の意味。「もうすぐだよ」We're almost there.なども言う。

32 真似っこさん

音声 072

☐ あなたは真似っこさんだわね。

You are a mimic, aren't you?

☐ お母さんがご飯を作ればご飯作り。

You cook a meal when I cook.

☐ お母さんが掃除をすれば掃除。

You sweep the house when I sweep.

☐ お化粧をすればお化粧。

You do your makeup when I do my makeup.

mimicは「真似っこさん」。You try to copy me in anything. とかYou try to copy everything I do.「何でも私の真似をする」でも同じ。

言いかえ 「今度は何」What now?

---

cook a meal は「ご飯作り」。なお、「皿を洗う」[do/ wash] the dishesとか「皿を拭く」dry the dishesなども真似されそう。

---

sweepは「掃き掃除」。なお、「拭き掃除」はclean up ～。それでは、「洗濯する」do the wash、「洗濯物を干す」hang out the washなどはどうか。

---

do one's makeup は「化粧する」。他にmake（oneself）upとかput on makeupなどもある。なお、「化粧を落とす」はtake off one's makeupである。

ステップ1
ステップ2
ステップ3
補足

33 児童館

▶ 音声 073

- [ ] 児童館はいつもお友だちでいっぱい。

There're always many children here in the Children's House.

- [ ] みんな遊びに夢中だわ。

They're all busy playing.

- [ ] 何をしようか？ また、ままごとする？

What do you want to play? Play house again?

- [ ] 「仲間に入れて」って、言ってみようよ。

Let's say, "Can I play with you?"

Children's House「児童館」は造語。

---

be busy ～ ingは「～に夢中である」。They are all intent on their playing. でもよい。

---

play house は「ままごとをする」。p.133参照。 言いかえ 「積み木で遊ぶ」Do you want to play with the blocks?

"Can we play together?" でもよい。 言いかえ 「押しちゃだめよ。仲よく遊ぶのよ」Don't push her. Play nicely.

34 お誕生日

▶ 音声 074

☐ ろうそくが二本。もう2才なんだね。

There are two candles on the cake. You are two years old now.

☐ 話はまだできないけど、どんどん走り回る。

You are not able to talk, but you can run about.

☐ 弟も生まれ、本当に忙しい毎日。

Your brother was born. I'm hectically busy every day.

☐ 桜おめでとう。お母さんもお父さんも頑張るよ。

Happy Birthday, Sakura. Mom and Dad will try hard.

お母さんならではの実感のようだ。ちなみに、ろうそくに「火をつける」はlight the candles、「吹き消す」はblow out the candlesと言う。

---

be able to do ～「～することができる」。「言葉を話す」という場合はspeak ではなく talk。

---

be born は「生まれる」。hectically は「へとへとになるほど」。

言いかえ 前半「産休は終わってしまったし」My maternity leave is over.

---

try hard は「頑張る」であるが、work hardなどでもよい。

35 将来は作家さん

音声 075

□ あなたは本を読んでもらうのがとても好きだよね。

You very much like to be read books.

□ また、自分でも声を出して読んでいる。

And you yourself read books aloud.

□ 将来は作家さんかもね。

You might be a writer in the future.

□ でも、ときどき本逆さまにもっているけど。

You sometimes hold the books upside down, though.

very much はlikeを修飾する副詞で「とても」。read ～ booksは「～に本を読んであげる」だが、ここは受け身になっている。

---

yourself はyouの強め。aloud は「声を出して」。もちろん、声を出しているだけのデタラメ読み。You yourself like to read books.と言ってもよい。

---

might「もしかしたら」はmayでもよいが、mayより可能性が低い感じ。in the future は「将来は」。

---

hold は「持つ」。upside down は「逆さまに」。文末の though は副詞で「～だけどね」の感じ。

36 お風呂

▶ 音声 076

☐ 急いで体を洗いましょう。

Let's clean you up quick.

☐ お風呂で金魚さんが待ってるよ。

The goldfish's waiting for you in the bathtub.

☐ 水をパシャパシャしないで。

Don't splash the water.

☐ それじゃ、上がる前に10数えましょう。

Now, count to ten before you get out.

clean ～ upは「～の体を洗う」。Let me clean you up quickly.でもよい。「急いで」はquickでもquicklyでもよい。言いかえ「入る前にはきれいに流しましょう」Let's rinse off before you get in.

---

goldfishは「金魚」だが、もちろんtoy goldfishのこと。お風呂の遊び道具は他に、duck「あひる」、octopus「タコ」、crab「カニ」、elephant「ぞう」などがある。wait for ～は「～を待つ」。

---

splashは水などを「はねる」。なお、「そそぐ」はpour。例えば、「私の頭に水かけないで」Don't pour the water over my head.となる。

---

count to tenは「10まで数える」。一人では数えられないのでlet'sを付けてもよい。get out「上がる」。言いかえ「肩まで入りましょう」Now, let's soak up to your shoulders.

37 急いで着なさい

音声 077

□ お父さんに拭いてもらったの?

Has Daddy dried you off yet?

□ こっちへ来なさい。早く!

Come here. Quick!

□ 裸になっていると風邪ひくわよ。

You'll get a cold if you have nothing on.

□ おむつつけて、シャツ着て、そしてパジャマね。

Let's put on a diaper, your shirt and pajamas.

このdry ～ offは動詞で「～の表面を拭く」。なお、dryには「干す」という意味もある。例えば、「洗濯物は日光で干した方がいい」はYou should dry the wash in the sun.となる。

Come here.はCome closer.などでもよい。Quick! はChop-chop!「早く早く」(特にイギリス)などと言ってもよい。

「裸」はnakedで、「裸のままでいる」はstay nakedとなる。赤ちゃんなのでそれでもよいが、ストレート過ぎるのでhave nothing on「何も着ない」。

すべてput onでいこう。

38 髪を結う

▶ 音声 078

☐ あなたは本当に頭に触られるのが嫌なんだね。

You really hate someone touching your head, don't you?

☐ あんたの巻き毛を梳かすのは毎日大仕事だわ。

Combing your curly hair is a tough job every day.

☐ ひと騒動なしには治まらないんだから。

It can't be done without you making a fuss.

☐ いつになったら自分でやれるようになるのかしら。

When can you do it on your own?

hate ～ doingは「～が～するのを嫌う」の意味で、hateをdon’t likeに替えても意味は同じ。

comb one’s hairは「髪を梳かす」で、「髪を整える」はdo one’s hair、「髪を結う」はtie up one’s hairとなる。a tough jobはquite a jobと言ってもよい。

make a fussは「ひと騒動おこす」で、without you making a fussのyouはmakingの意味上の主語で、「ひと騒動起こす」のは「あなた」。

itは「髪を結うこと」。on one’s ownは「自分で」で、by oneselfと同じ。Will you be able to do it yourself someday? でもよい。もちろん、ここもWhen will you be able to do it on your own? でもよい。

39 眠れない夜

▶ 音声 079

- [ ] 今晩は興奮しているわね。

You are so excited tonight.

- [ ] もうねんねする時間よ。

It's time you went to bed.

- [ ] 眠れないの。いいわよ、抱っこしてあげましょう。

You can't sleep. All right, I'll hold you.

- [ ] やっと眠ったわ。

You finally went to sleep.

興奮の理由を述べる場合は後にto do ～をつける。例えば、I'm so excited to see you tomorrow.「明日お会いできるのでとても興奮しています」となる。

It's timeの後は仮定法の過去形である。意味は「～してもいい時」となる。もちろん、直説法でIt's time [for bed/ to sleep]. と言ってもよい。

後半はLet me hold you. でもよい。言いかえ「一緒にねんねしようか」Shall I sleep beside you?

---

go to bedは「寝る」だが、go to sleepは「寝つく」でget asleepと同じ。なお、get to sleepも「寝つく」だが疑問形や否定形で使うことが多い。

40 あなたは誰似

▶ 音声 080

□ あなたは誰似なの？

Who do you take after?

□ 顔変わったみたい。あなたは私似だと思っていた。

You seem to have changed now. I thought you took after me.

□ 最近ますますお父さんに似てきたよ。

You've taken after your dad lately.

□ でも、また変わるかもね。

You may change again, though.

take after は「似る」で、look like も同じ意味。つまり、Who do you look like? でもよい。who を which に入れ替えて「どっち似」としてもよい。

前半は It seems you have changed now. でもよい。

状態動詞は継続でも一般的に進行形にしない。You take after your dad lately. と現在形でも言える。 言いかえ 「目をつむるとやっぱり私似だ」If you close your eyes you look like me as always.

このmay は「かもしれない」。この though は p.169 参照。

ステップ 3

ラクガキ

★桜ちゃんはMy First Dictionaryという絵の付いた本を持っていて、これを読んでもらうのが大好きです。それにはワケがあります。例えばrainという項目なら、おじいさんはまず2～3回rainと言い、それからDo you want to see what the rain is like? などと言います。桜ちゃんは嬉々として立ち上がり、おじいさんにだっこします。おじいさんはおもむろに雨の中に出て行き、言います。This is the rain. 間もなく桜ちゃんは雨が降るとLook, Jiji, rain! などと言い始めます。

赤ちゃん（もう赤ちゃんではないかもしれないが）はこちらの言うことがわかり、それに対し、行動もさることながら、言葉で応えようとします。そして、自分の欲しいものを言葉で言い始めます。いよいよアウトプットの開始です。ここでは英語の音声（意味）を聞き取り、言いたいことを英語のリズムに乗せて作ることが求められます。今までの訓練が鍵になります。

テキストは桜ちゃんをモデルとした赤ちゃんとのやり取りの練習例です。できるだけ他にも応用のきく題材にしてあります。青枠は一応赤ちゃんに期待する部分（覚えこませるのではありません）です。ここまでくると臨機応変しかありません。コツは、言いたいことが伝われば「よし」で、できたら思いきり褒めてやることです。そして、できるだけたくさん話させ、喋らせながら直していくことです。なかなか話さないので「ちょっと日本語で」はだめです。赤ちゃんは聞いていないようでも聞いています。「もうだめだ」と諦めそうになったころにぽつりと話します。

他愛のないことでも英語でやり取りができるようになれば本書の目的は達成です。そして、ステージは次の段階に入ります。

*会話ではあまり起こらないのですが、物の名前のような場合、桜ちゃんは時々日本語と英語が交錯します。例えば、お母さんがリンゴのジュースを作ってやろうとして、リンゴをもってくると、桜ちゃんはappleと言います。「これはリンゴだよ」と言ってもなかなか聞きません。そんな時お母さんは「それはジジの言葉でしょう」と言います。同じように、おじいさんも桜ちゃんが会話の中に日本語を持ち込んでくるとThose are Kaka's words. とかThose are Mommy's words. と言います。今ではこれで混乱を回避しています。

1 これはなあに

音声 081

☐ これはなあに?

What's this?

☐ お母さん。

Mama.

桜ちゃん（こども）

☐ あれはなあに?

What's that?

☐ お父さん。

Papa.

桜ちゃん（こども）

いつも赤ちゃんの方から何か言ってくれるわけではなく、こちらからの働き掛けも必要になる。thisは比較的近くにあるものには何でも使える。

---

mother「お母さん」の赤ちゃん言葉はいろいろある。mama / mamma / mommy / momなど。小さい赤ちゃんには二つ重ねのmamaが言いやすいようである。

---

thatは比較的遠くにあるもので、thisに対比して使っている。whatとthis とthatで人や物の名前などたくさんのことが聞けるし、話のきっかけを作ることもできる。

---

father「お父さん」の赤ちゃん言葉もお母さんほどではないがいろいろある。dad / daddy / papa など。同じような理由でpapaも言いやすいようである。

② あむあむ

▶ 音声 082

☐ お肉はよく噛むのよ。

Chew the meat well.

☐ あむあむ。

Munch, munch.

☐ あむ、あむ、あむ。

Munch, munch, munch.

桜ちゃん（こども）

☐ はい、いいですよ。それじゃ、ごっくんして。

Good. Now gulp it.

chewは「噛む」。なお、「魚」はfishで、「野菜」はvegetableである。なお、日本食に欠かせない「ごはん」は(boiled) riceであるが日本語の方がよさそうだ。「みそ汁」はmiso soup。また、塩漬けの「漬物」はsalted vegetableである。

---

munchは「〜むしゃむしゃ食べる」という動詞の命令形。(桜ちゃんのおじいさんは桜ちゃんが食べにくそうなものがあるとこうします。) なお、「(バリバリ / ボリボリ / パリパリ) 食べる」はcrunchである。

桜ちゃんは嬉しがっていくらでもやる。

---

gulpは「〜を一気に飲む」だが、gulp it downとすると一層感じが出る。swallowでもよい。「ひと飲みに」はin one gulp。

3 いい子いい子

▶音声 083

▢ 弟の航平、ココよ。

This is your brother, Kouhei, Koko.

▢ ココ。

Koko.

桜ちゃん（こども）

▢「いい子いい子」してあげたら?

Why don't you give him a pat?

▢ いい子いい子。

Pat-pat.

桜ちゃん（こども）

桜ちゃんが航ちゃんにいい子いい子。人を紹介する時はThis is 〜と言う。例えば、「公子おばさんよ」はThis is your aunt Kimiko. となる。同じようにyour uncle Fuyuki、your cousin Tomohiroとなる。

ココは二つ重ねの音なので出しやすいようである。

このpatは名詞で「軽くトントンすること」であるが、動詞はp.23とp.121参照。

「いい子いい子」のつもり。(おじいさんはこれを桜ちゃんに何回も教え準備しました。) また、桜ちゃんは大事なぬいぐるみなどにもこれをよくする。

4 こぼさないで

▶音声 084

☐ おにぎり食べてるの?

Are you eating *onigiri*?

☐ うん、おにぎり。

Yeah, *onigiri*!

桜ちゃん（こども）

☐ おにぎり持って遊ばないで。

Don't fool around with it.

☐ 床中ごはんだらけだよ。

You've dropped rice all over the floor!

「おにぎり」もやっぱり*onigiri* がいいようだ。英語ではrice ballなどとも言う。言いかえ「ジュース飲んでいるの」Are you drinking the juice?

---

yeahはyesのくだけた言い方。yesより言いやすいので、桜ちゃんの得意な言葉の一つ。

---

fool around「ふざける」。withは「〜をもって」。itは*onigiri* 。言いかえ「飲み物をもって遊ばないで」Don't play with your drink.

---

dropは「こぼす」。all over は「〜中」。なお、飲み物を「こぼす」はspill。ちなみに、rice やjuiceなどを「ふき取る」とか、床などを「きれいにする」はclean up 〜。従って、clean up the riceともclean up the floorとも言える。

5 誰か来た

▶ 音声 085

□ 誰か来るよ。

Somebody's coming.

□ 誰が来るんでしょうか？

Who's coming?

□ お父さん。

Papa.

桜ちゃん（こども）

□ 当たり。

Bingo.

be comingは進行形で「やって来る」。somebodyを具体的なもの、例えば、車、鳥、虫、動物などに替えても使える。

Somebody'sをWho's「誰が」に替えてみる。人間以外のものの場合はWhat's coming?にすればよい。

ここではPapaが出てくれば成功である。

bingoはご名答、「当たり」である。もちろん、Right!とかYou're right!でもよい。

6 いないよ

音声 086

☐ お父さんそこにいるの?

Is Daddy there?

☐ いないよ。

Not here.

桜ちゃん(こども)

☐ お父さんどこにいるの?

Where is he?

☐ 2階にいるの?

Is he upstairs?

There is ～は不特定なものに使うので、Is there Daddy there? とは言わない。ここでも、Daddyをお互いに知っている他の人や物に替えても使える。

He is not here.のこと。 言いかえ 「うん、いるよ」Yeah, he is here.

ここもhe をいろいろ替えて使える。例えば、Where is your animal book ?「あなたの動物の本はどこ」など。

---

upstairsは「2階（に/へ/で）」。 言いかえ 「台所なの」Is he in the kitchen?

7 わんわんにごはん

音声 087

☐ わんわん吠えてるわね。

The doggy's barking.

☐ わんわん、お腹へってる！

Bow-wow, hungry!

桜ちゃん（こども）

☐ わかった、ごはん用意するわ。

Okay, I'll get the food ready.

☐ ぺろっと食べたね。

He ate it up in a jiffy.

barkは「吠える」。鳴き声を替えれば他のペットなどにも使える。

bow-wowは犬の鳴き声。bow-wowで犬のつもり。ちなみに、猫の鳴き声はmeow「ミィアウ」で、動詞では「にゃーと鳴く」である。例えば、「ミケはニャオンと泣いた」はMike meowed.となる。

foodは「餌」。get ～ readyは「～を準備する」。これは他にも使える。例えば、I'll get a snack ready for you.「ちょっと食べるものを用意するわ」。

eat ～ upは「平らげる」。in a jiffyは「あっという間に」。

8 お名前は

▶ 音声 088

□ あなたのお名前は?

What's your name?

□ サクラ。

Sakura.

桜ちゃん（こども）

□ あの人は?

What's his name?

□ ココ。

Koko.

桜ちゃん（こども）

ちょっとぶしつけだが、相手は赤ちゃんなのでWho are you? と聞いてもよい。

初めの内はMy name is ～もI'm ～も無理だと思う。Sakuraもあやしい。Sakusakuのように二語重ねると多少長くても言いやすくなるようである。

この聞き方は、男の子なら誰にでも使えるし、女の子ならWhat's her name?で誰にでも使える。もちろん、Who is [he/she]?と聞くこともできる。

Kokoは桜ちゃんの弟で、「航ちゃん」のこと。同じようにHis name isやHe'sが出るには時間がかかる。

9 おむつ

音声 089

☐ どうしたの?

What's the problem?

☐ おむつ。

Diaper.

桜ちゃん（こども）

☐ おむつ！替えたいの?

Diaper! Do you want to change?

☐ わかった。ここに来てごろんしなさい。

OK. Come and lie on your back.

もじもじして気持ち悪そうにしているので。もちろん、What seems to be the problem? でもWhat's wrong? でもよい。

桜ちゃんはしょっちゅう言われているのでdiaperはすぐ出る。赤ちゃんによっては、単におむつを指さしたり、peeとかpoopなどと言うかもしれない。

Did you [pee / poop]?「おしっこなの/ うんちなの」と言ってもよい。ストレート過ぎると思ったらDid you do it? でもよい。

---

lieは「横になる」。come (and) doはp.127参照。on one's backはp.57参照。

10 トイレ

▶ 音声 090

- [ ] そろそろ幼児用トイレに座ってもいい頃ね。

It's time you sat on the potty.

- [ ] おしっこの時がわかるようだし。

You seem to be able to tell when you need to go pee.

- [ ] ポティーってなあに?

What is the potty?

桜ちゃん(こども)

- [ ] くまちゃんの付いたお椅子よ。

It's the chair with the design of a teddy bear.

It's time (仮定法過去). についてはp.177参照。sit on the potty は「幼児用トイレに座る」。

---

seem to be ～「～のようだ」。be able to do ～ はp.167参照。このtellは「教える」。need to go peeは「おしっこに行きたい」。

---

pottyと言えば、幼児語でgo potty「おしっこに行く」というのもある。Do you have to go potty?「おしっこなの」などと言う。

---

the design of ～は「～の絵のある」。teddy bearは「ぬいぐるみのくま」でstuffed bearと同じ。

11 取らないで

▶ 音声 091

□ それ航ちゃんのミルクよ。

That's Koko's milk.

□ だめ。取っちゃだめ。

No! Don't take it from him.

□ 海苔巻き作ってあげるから。

I'll make *norimaki* for you.

□ ミルクがいい。

I wanna milk.

桜ちゃん（こども）

やさしい桜ちゃんも、航ちゃんのミルクの誘惑にはなかなか勝てない。今はミルクだけだがやがていろいろな食べ物や持ち物でも同じようなことが起こる。

---

takeは「取り上げる」。だめと言われても手が出てしまう。itは「ミルク」のこと。

大好きな海苔巻きもそっちのけ。ところで、「海苔巻き」もやっぱり*norimaki*しかないようだ。桜ちゃんの海苔巻きはご飯に鮭のフレークを入れて巻いたもの。

---

wannaはwant to doまたはwant aの短縮形。したがって、wannaを使うのであればI wanna drink milk, too.とならなければならない。しかし、ここはmilkがあれば「よし」である。

12 おやつ

音声 092

□ おやつ食べる? 桜。

Do you want to eat *oyatsu*, Sakura?

□ うん!

Yeah!

桜ちゃん（こども）

□ 何食べる?

What kind?

□ ヨーグルト・ピーチ。

Yogurt and peach.

桜ちゃん（こども）

「おやつ」にはsnackという英語もあるようだが、やっぱり「おやつ」は*oyatsu*でないとという感じ。(桜ちゃんのおじいさんなどはsnackと言うと昔あった飲み屋を思い出すそうです。) 言いかえ 「アイス食べる」Do you want to eat an ice cream cone?

---

yeahは桜ちゃんのお気に入りだが、だんだん使い慣れてきてyupのようにも聞こえる。

正確にはWhat kind of *oyatsu* do you want to eat?

桜ちゃんの特製のおやつ。桜ちゃんはヨーグルトに桃とか洋梨などの果物をたっぷり入れたおやつが大好きである。いわゆるcandy類はあまり食べない。

13 ペン持っていって

音声 093

□ お父さんにこのペン持っていってくれる?

Can you take the pen to Daddy?

□ お父さん?

Dad?

桜ちゃん(こども)

□ そう、お父さんに持っていって。

Yeah, Dad. Take it to Dad.

□ ありがとう。

Thank you.

桜ちゃん(こども)

日本語のパパと混乱するので、PapaをDaddyに変えようとしている。take ～ to ～「～を～へ持っていく」。ただし、同じ「持っていく」でも話をしている相手の所へ持って行くときはbringを使う。

桜ちゃんはまだDaddyが言いにくそう。

お母さんも桜ちゃんにつられてYeah。itは「ペン」。

桜ちゃん、こんな時いつも言われるので、自分から「ありがとう」と言ってしまった。こんな時はにっこり笑ってYeah, thank you.と言ってやればよい。

14 ココ起きてるよ

音声 094

☐ お母さん、ココ・・・。

Mom, Koko ---.

桜ちゃん（こども）

☐ ココ起きたの？ 今行くよ。

Is he awake? I'm coming.

☐ おむつ、取り替えなきゃ。

Change diaper.

桜ちゃん（こども）

☐ お母さんはミルクつくるから、桜はおむつお願いね。

I'll make formula. You go and bring his diaper.

Mamaも同じように日本語のママとの混乱を避けるためMommyに変えようとしているが、今のところMom どまり。Kokoの後は続かない。

お母さんは桜ちゃんの言いたいことがわかる。I'm coming. は「今行きます」。英語では、話している相手のところへ行くときはgo ではなくcomeを使う。

正しくはWe have to change his diaper. かLet's change his diaper.

言いかえ 「お腹へってるみたい」He looks hungry.

---

formulaはp.21参照。go (and) doはp.61参照。

15 もういいですか

▶音声 095

▢ お母さんボール投げるわよ。

Mommy throws the ball.

▢ いいですか?

Are you ready?

▢ うん、いいよ。

Yeah, I'm ready.

桜ちゃん（こども）

▢ うまい。

Nice catch.

throwは「投げる」。なお、ボールを「転がす」はroll、「蹴る」はkick、「バウンドさせる」はbounceである。 言いかえ 「かくれんぼしよう」Let's play hide-and-seek.

言いかえ 「もっとお母さんの方へ来て」Get closer to Mommy.

言いかえ 「待って」No, not yet.

言いかえ 「もう少しだったね。もう一度」You almost got it. One more time.

16 破ったわね

音声 096

□ うわぁ、みんな障子に穴開けてしまった！

Uh-oh, you've torn holes in all the paper of *shouji*!

□ どうしよう？

What should I do, I wonder?

□ ごめんなさい。お母さん。

I'm sorry, Mommy.

桜ちゃん（こども）

□ しょうがないわね。でも謝れたんだから。

All right. You could say "sorry."

torn は tear「引き裂く」の過去分詞で完了形。tear の発音は「テアー」。同じつづりの「涙」は「ティア」である。 言いかえ 「壁紙に落書きしたな」Uh-oh, you've scribbled on the wallpaper, haven't you?

I wonder はなくてもよい。付けると思案の気持ちが強くなる。

I'm sorry. は足を踏んでしまったり、何か悪いことをして、「ごめんなさい」と謝る時の言葉。なお、人に話し掛けたり、道を空けてもらったりする時の「すみませんが～」とか「すみません」は Excuse me.

---

sorry は I'm sorry. を簡単にした言い方。

17 すべり台

▶ 音声 097

□ どこへ走って行くの？

Where are you running?

□ 滑り台で遊ぶの。

I'll play on the slide.

桜ちゃん（こども）

□ 子供たちたくさん遊んでいるね。

There're many children playing.

□ 順番だよ。

Take turns.

Where are you going? と言ってもよい。

play on the slideは「滑り台で遊ぶ」だが、go on the slideでもよい。I'llが出るまでには結構時間がかかる。最低slideがあれば「よし」。

言いかえ 「ブランコに乗りたいの」I want to play on the swing.

言いかえ You're lucky. Everybody has gone to the jungle gym.「よかったね。みんなジャングルジムへ行ったよ」

これはしっかり教えておかなければならない。take turnsは「順番を守る」。Wait your turn.「順番待ちよ」も可。

18 お買い物

▶ 音声 098

☐ 手当たり次第にかごに入れないで。

Don't put just anything into the basket.

☐ 欲しいもの一つ、一つだけよ。わかった?

Pick out one, just one. OK?

☐ 桃にする。

I'll take peaches.

桜ちゃん（こども）

☐ いいわよ。後は全部元へ戻しましょうね。

All right, let's put the rest back where they were.

put ～ into ～ は「～を～に入れる」。not ～ just anything「何でもは～しない」。ドラッグストア、本屋さんなどでも起こりうる。言いかえ「何でもかんでもさわっちゃだめ」You can't touch just anything.

---

pick outは多くの中から「選ぶ」。just は「だけ」。このOK「わかった」は確認。言いかえ「これ家にあるでしょう」You have one at home.

---

take は「とる」。I'll take も peach に（s）が付くのも時間がかかる。なお、他に果物は「りんご」apple、「なし」pear、「オレンジ」orange、「バナナ」banana、「ブドウ」grape、「メロン」melon などがある。

---

all right は「いいわよ」の承諾。put ～ back は return でもよい。the rest は peaches 以外のもの。where they were は「元の場所」。

19 動物園

音声 099

☐ お母さん、お猿さんがたくさんいる！

Mommy, there are a lot of monkeys!

桜ちゃん（こども）

☐ 見て！ シマウマがいる！ 象もいる！ キリンも！

Look! Zebra! Elephant! Giraffe!

桜ちゃん（こども）

☐ ライオンだよ。怖くないよ。ここには来ないから。

Lion. Don't be afraid. It won't come over here.

☐ こっち見て。ライオンと一緒に写真撮りましょう。

Look over here. Let's take a picture with the lion.

人気者のお猿さんのお出迎えで桜ちゃん興奮気味である。

動物園にはその他、「トラ」tiger、「シロクマ」polar bear、「ヒョウ」panther、「ペンギン」penguin、「イルカ」dolphinなどたくさんの動物がいる。

won't = will not。It will never come over here.でもよい。

look over hereは「こっちの方を見て」。take a picture「写真を撮る」。

20 むしむし

▶ 音声100

□ お母さん、むしむしがいるよ。
There's a bug, Mommy.

桜ちゃん（こども）

□ あら、嫌だ。蚊だ。
Oh, no. That's a mosquito.

□ 痒くない？
Isn't it itchy?

□ 虫よけスプレーかけなきゃ。
I've got to put bug spray on you.

there's は初めからは期待できない。bug は「小さい虫」一般を言うが、bugがあれば「よし」である。

蚊は本当に嫌な虫だが、日本では昔からいろいろな蚊よけが工夫されている。例えば、mosquito net「蚊帳」、mosquito coil「蚊取り線香」、最近ではmosquito mat、bug sprayなどがある。なお蚊やハエなどを「ぴしゃりと打つ」はswatである。

---

itchyは「痒い」。Don't you feel itchy? でもよい。なお、動詞はitchで「背中が痒い」はMy back itches. となる。また、痒い所を「掻く」はscratchである。

---

have got to do = have toはp.79参照。bug sprayは「虫よけのスプレー」。I'll put bug spray on you. でもよい。

21 食べてもいいの

音声 101

□ これ何だと思う?

What do you think this is?

□ トマト。

Tomato.

桜ちゃん（こども）

□ トマトがなっているのを見るのは初めてだよね。

It's the first time for you to see tomatoes growing.

□ これ食べられるの?

Can I eat this?

桜ちゃん（こども）

動詞がthinkの場合疑問詞は文頭に出るが、knowの場合はDo you know what this is?「これ何か知っている」となる。

野菜はこの他eggplant「なす」、cucumber「きゅうり」、onion「玉ねぎ」、potato「じゃがいも」、carrot「ニンジン」、green onion「ネギ」などがある。

It's the first time for ～ to do ～「～が～するのは初めて」の意味。see ～ doing で「～が～しているのを見る」。growは「なっている」である。

この答えとしては、Sure.とか Of course, you can.などが考えられる。土などが付いていれば、この後にbut you have to wash it before you eat.をつける。

22 ちょうちょさん

▶音声 102

☐ あれは何かな?

What's that?

☐ ちょうちょさん。

Butterfly.

桜ちゃん（こども）

☐ どこへ行くと思う?

Where do you think it flies?

☐ 知らない。

I don't know.

桜ちゃん（こども）

指示代名詞としては、thatは「あれ」、thisは「これ」、itは「それ」。難しいことは忘れて当面はこれだけで行こう。

ちゃんと言えば It's a butterfly. となる。この他昆虫にはbee「ミツバチ」、dragonfly「トンボ」、grasshopper「バッタ」、cricket「コオロギ」、spider「くも」などがいる。

---

where の位置についてはp.223参照。flyは動詞で「飛ぶ」。ちなみに、名詞では「ハエ」という意味もある。

「お花さんのところへ飛んで行くのよ」It flies to flowers. と何回か教えると覚えてしまう。

23 ちゃんと歩いて

▶音声 103

□ お母さん、靴がぬげたよ。

Mommy, my shoe came off!

桜ちゃん（こども）

□ 言ったでしょ。

I told you.

□ ちゃんと歩いていたよ。

I walked properly.

桜ちゃん（こども）

□ お手々かしなさい。

Hold my hand.

come off は「脱げる」。言いかえ「お母さん、帽子が飛んでいったよ」Mommy, my hat was blown off. とか Mommy, my hat blew away.

I told you (so). はp.143参照。

---

properly は「ちゃんと」。同じような語に、neatly「きちんと」、nicely「上手に」などがある。

また、脱げそうなので手を繋がせるつもり。hold one's hand「～と手をつなぐ」は他にもある。p.161参照。

24 外から帰ったら

▶音声 104

☐ お外から帰ったらすることは?

What do you do when you come in from outside?

☐ お手々を洗う。

Wash my hands.

桜ちゃん（こども）

☐ そうです。お手々を洗ったらどうするの?

Right. What do you do after you wash your hands?

☐ タオルで拭きます。

Dry them with the towel.

桜ちゃん（こども）

What do you do ～？はとても使い道がある。例えば、「朝起きたら」「靴を脱いだら」「知ってる人に会ったら」など何でもつなげられる。言いかえ 「食事の前には何をするの」What do you do before you eat?

「手洗い」は大事である。日本語でも英語でもしっかりと教えよう。言いかえ 「靴を揃えます」[Put/ Place] my shoes neatly.

---

right は That's right. とか You're right. のこと。ちなみに、What do you do? だけだと「お仕事は何されていますか」という意味でよく使われる。

---

them はもちろん「手々」。with the towel「タオルで」。この返答は right でもよいが Exactly.「そのとおり」と言ってやりたいようだ。

㉕ 初めての海

▶ 音声 105

□ 暑いんじゃない? 海に入ってみる?

It's too hot, isn't it? How about getting in(to) the sea?

□ ここおもしろいんだ!

Playing here is fun!

桜ちゃん(こども)

□ 怖くないよ。みんな冷たい海を楽しんでいる。ほら、赤ちゃんも。

It's not scary. Everybody enjoys cool water. Look, babies, too.

□ いや、いや、絶対、いや。

No! no! please, no!

桜ちゃん(こども)

get in(to) the seaは「海に入る」。なお、「水着」bathing suit、「浮き輪」float ringで、「～へ泳ぎに行く」はgo swimming in ～である。

このhereは「砂浜」のことであろう。fun「楽しい」。ちゃんと言えば、It's fun playing on the sand(s). あたりか。

---

scaryは「怖い」。enjoy cool waterは直訳すれば「冷たい水を楽しむ」である。

このpleaseは「お願いします」ではなく、「やめて」という意味で、「プリーズ」の「リ」を伸ばし力を入れて強く発音する。こう言われてはOkay! You may stay here. Take it easy! と言うしかない。

26 枝豆食べる

▶ 音声 106

☐ 食べてみて、桜、枝豆よ。

Try this, Sakura. It's *edamame*.

☐ おいしい。これ好き。

It's good. I like it.

桜ちゃん（こども）

☐ もう少し食べる？

Do you want to eat some more?

☐ うん、ちょうだい。

Yes, please.

桜ちゃん（こども）

try は「食べてみる」だが、「とうもろこし」corn、「焼き魚」grilled fish など食べるもの飲むもの何にでも使える。「枝豆」は英語にすればboiled soy beans あたりかと思うが、そのままの方がよさそうである。

ここの good は「おいしい」である。tasty などでもよい。it は「枝豆」のこと。 言いかえ 「変な味」は It has a strange taste. とか It tastes strange.

---

some more は some more *edamame* のこと。

桜ちゃん、こんな返事ができるようになれば上出来。

言いかえ 「うん、もういいわ。どうも」No, I'm fine, thanks.

ステップ1
ステップ2
ステップ3
補足

27 雨だ

音声 107

- [ ] うわぁ、雨だ！

Wow! It's rain.

桜ちゃん（こども）

- [ ] 傘に入って。

Get under my umbrella.

- [ ] いや、雨の中歩きたいの。

No. I wanna walk in the rain.

桜ちゃん（こども）

- [ ] びしょ濡れになってしまったじゃない。

You've got all wet, haven't you?

桜ちゃんは雨が面白いのか、雨にとても敏感に反応する。これは突然降り出した雨に対する桜ちゃんの反応である。

---

get under one's umbrellaは「～の傘に入る」。丁寧に言えばWill you get ～？となる。言いかえ「自分の傘を差したいの」Do you want to put up your (own) umbrella?

---

wannaはwant to、詳しくはp.203参照。in the rainは「雨の中」。

---

get wetは「濡れる」。allは「すっかり」。ここは現在完了形の付加疑問。

28 待っててよ

▶ 音声 108

□ 出発だよ。みんな乗って。

Let's get going. Everybody, get in the car.

□ おしっこ。

I have to go.

桜ちゃん（こども）

□ えらいね、ちゃんと教えられて。

Well done for telling us.

□ 待っててよ。

Hold on.

桜ちゃん（こども）

get goingは「出発する」で、get in は「乗り込む」である。

---

goの後は普通省略して言わない。家なら、to the toilet（ただしアメリカのように風呂とトイレが一緒ならto the bathroom）、家以外ならto the rest roomがくる。

---

well done for 〜は「〜が出来て偉い」。もちろん、教えたのは「おしっこ」のこと。Thanks for telling us.「教えてくれてありがとう」でもよい。

---

hold on は「そのままの状態にしている」で、つまりWait there.のこと。丁寧に言えばPlease wait until I get back.「戻ってくるまで待っててよ」のこと。この答えはSure, we will.「大丈夫だよ」あたりか。

29 お絵描き

▶ 音声 109

- [ ] ココだよ。

This is Koko.

桜ちゃん（こども）

- [ ] うまく描けたね。

You’ve drawn nice.

- [ ] お口はどこ?

Where is his mouth?

- [ ] ここだよ。

Here!

桜ちゃん（こども）

家族の顔以外で絵の被写体になりそうなものは、「車」car、「電車」train、「バス」bus、「太陽」sun、「山」mountain、「海」seaなどがある。

---

drawは「絵を描く」。niceは副詞で「うまく」の意味。wellとかnicelyでもよい。言いかえ「お母さんも描いてくれる」Will you draw Mommy, too?

なお、「鼻」ならnose、「目」ならeyes、「頬」ならcheeks、「耳」ならears。もちろん、「顔」はface、「頭」はhead。

正しくは、Here it is.である。普通にIt is here.でもよい。

30 自分で履く

▶ 音声 110

□ 半ズボン自分で履くよ。

I'll put on my shorts.

桜ちゃん（こども）

□ 自分で? いいわよ。履いてみて。

By yourself? Good, go ahead.

□ ほらね!

There!

桜ちゃん（こども）

□ やったね! 偉い!

You did it! Great!

shortsは「半ズボン」。その他衣類や履物にはpants「ズボン」、shirt「シャツ」、skirt「スカート」、sweater「セーター」、pajamas「パジャマ」、socks「靴下」、shoes「靴」、sneakers「スニーカー」、boots「ブーツ」などがある。

---

go aheadは「さあやってみて」というように人を促す時に使う。come onと同じような意味。

このthereは達成感などを表す。言いかえ「上着のジッパー閉められない」I can't zip up my coat.

どちらも誉め言葉。言いかえ「もう少しだね」You've almost made it.

31 歯磨き

音声 111

□ お母さん仕上げ。

Mommy, check my brushing?

桜ちゃん（こども）

□ そこにごろんして。

Lie back there now.

□ 上の歯、下の歯、前歯、奥歯・・・。

Upper teeth, lower teeth, front teeth, back teeth,---.

□ 歯ブラシは元の場所に戻すのよ。

Put your toothbrush back where it was.

check ～は「～を確認する」。丁寧に言えば、checkの前にcan youを入れる。もちろんwill youでもよい。なお、「歯を磨く」はbrush one's teeth。「練り歯磨き」tooth paste。

---

lie on your backを手短に言うとき。

これは歯磨きの時いつもお母さんと一緒に言う言葉。歯についてはp.63参照。「口をすすぐ」はswishで、「くちゅくちゅ」はswish, swishとなる。「うがいする」はgargleで、「がらがら」はgargle, gargle。

---

put ～ backはp.139参照。toothbrushは「歯ブラシ」。where it wasは「元の場所」。

32 意地悪はだめ

音声 112

▢ 何でココ泣いているの?

Why is Koko crying?

▢ 知らない。

I don't know.

桜ちゃん（こども）

▢ 意地悪しちゃだめよ。ココは何もわからないのよ。

Don't be mean to him. He doesn't know anything.

▢ ココが私の人形とったんだよ。

Koko took my doll away.

桜ちゃん（こども）

What is Koko crying over? でも同じ。 言いかえ 「ココ泣きそうよ」 It looks like Koko is about to cry.

都合が悪くなると桜ちゃんがよく使う言葉である。

---

mean は「意地が悪い」の形容詞。be mean to 〜で「〜に意地悪する」。Don’t be a meanie. でもよい。meanie は「意地悪っ子」の意味。前半は That’s not nice.「みっともないわよ」などでもよい。

---

take は「とる」で、take away は「もって行ってしまう」の感じ。過去形を使えるようになるには時間がかかる。取りあえずは take があれば「よし」。

33 ボタンとめて

▶ 音声113

□ お母さん、ブラウスのボタン留められない。

Mommy, I can't do up my blouse.

桜ちゃん（こども）

□ これ後ろ前だよ。

You had it on backward.

□ ほんと?

Is it?

桜ちゃん（こども）

□ まず、直さなくちゃ。

Let me turn it around first.

do upは「～のボタンを留める」。なお、「はずす」はundoと言う。また、button、unbuttonでもよい。ここはI can't do up the buttons on my blouse.でもよい。言いかえ「セーターを着るのを手伝って」Can you help me (to) put on my sweater?

---

have ～ onは「～を着ている」でwearの意味。backwardは「後ろ前」でback to frontでもよい。なお、「裏返し」はinside outで、「逆さま」はupside down。

正確に言えば、Is it backward?である。

---

turn ～ aroundは「～を回転させる」。Itはblouseのこと。

34 どなた

音声114

□ どなた?

(Who’s there?)

桜ちゃん（こども）

□ 桜ちゃん。隣の星です。お母さんいらっしゃる?

(Sakura-chan? Hoshi nextdoor. Is your mom at home?)

お隣さん

□ お母さん、玄関に誰かいる。

Mommy, someone’s at the door.

桜ちゃん（こども）

□ 星さんだわ。ありがとう。

It must be Hoshi-san. Thank you.

Who's there? はWho is there?のことで、ノックの音などに対する返答。(　　)内は通常日本語。

「誰ですか」と言ってはみたものの後が続かず黙ってしまったので、桜ちゃんだとわかったお隣の星さんがこのように言った。(　　)内は通常日本語。

---

someone'sはsomeone isのこと。また、Mommy, there's someone at the door.とも言える。

お母さんはお隣の星さんであることを確認して迎え入れる。must beは「ちがいない」。

35 お父さんにお帰り

▶ 音声115

□ （ただ今）ココは歩くの上手になったね。

Koko, you are getting better at walking.

□ ココお父さんに「お帰り」は。

Koko, say "*okaeri*" to Dad.

桜ちゃん（こども）

□ ココはまだ無理よ。

He can't say it yet.

□ ココ、バイバイ言えるよ。

Koko can say bye-bye.

桜ちゃん（こども）

be good at ～「～が得意である」のbeをget「なる」に替え、さらにgoodを比較級のbetterにしたもので、「ぐっと上手になる」の感じ。

ここでは「お帰り」も躾のひとつとして扱っている。桜ちゃんは自分が言われたように航ちゃんに教えている。say ～ to ～ は言う内容や相手を替えて、いろいろ使える。*ohayo, oyasumi* なども入れられる。

---

itは「お帰り」のこと。

---

bye-bye「バイバイ」は二語重なっていて日本語でも使うせいか、小さい子でも早くから覚える。

36 何色

音声 116

☐ お猿さんは何色?

What color is the monkey?

☐ 茶色。

Brown.

桜ちゃん（こども）

☐ それじゃ、アリさんは何色?

Then, what color is the ant?

☐ 黒。

Black.

桜ちゃん（こども）

色が言えるようになったら、覚えている物の色を当てさせてみるとおもしろい。桜ちゃんはこれが得意である。

その他色には「赤」red、「黄色」yellow、「白」white、「ピンク」pink、「茶色」brown、「紫」purple、「緑」green、「オレンジ」orangeなどがある。

動物だけでなく、花や衣類、実にたくさんの質問ができる。

無くてもわかるが、blackの前にit'sを付けた方がより正式。brownの場合も同じ。

37 何飲んでいるの

音声 117

☐ お母さん、何飲んでいるの？

Mommy, what are you drinking?

桜ちゃん（こども）

☐ 紅茶よ。

I'm drinking black tea.

☐ ブラックティー？ 桜（私）も欲しい。

Black tea? Can I have some?

桜ちゃん（こども）

☐ いいけど、あなたは麦茶よ。おやつもどうぞ。

Okay, but barley tea for you. Here's *oyatsu*, too.

お母さんのすることは飲み物や食べ物まで真似したがる。
言いかえ 「何食べているの」What are you eating?

black tea「紅茶」だが、coffeeやgreen tea「(緑)茶」のこともある。桜ちゃんは緑茶が大好き。(タンニンがあるから飲ませないように言われているが、おじいさんは薬だと思っているので、こっそりちょこちょこ。)

このsomeはsome black teaのこと。

Here's ～ はHere you are.とかHere you go.と同じように「はい、どうぞ」。言いかえ 「子供はコーヒーだめよ。リンゴジュースはどう」Children can't drink coffee. How about some apple juice?

38 お母さん電話

音声 118

☐ もしもし。どなたですか?

(Hello. Who's calling?)

桜ちゃん（こども）

☐ もしもし。おばあちゃんよ。お母さんいる?

(Hello. This is your grandma. Is Mommy at home?)

おばあちゃん

☐ ちょっと待って。お母さん、電話。

Hang on, please. Mommy, you have a phone call.

桜ちゃん（こども）

☐ ありがとう。

Thanks.

このhelloは電話の「もしもし」。call ～ は「～に電話をする」。なお、Who's calling?「どなたですか」も電話の決まり文句。(　　)内は通常日本語。

This is ～もやはり電話の定番で、I'm ～ とは言わない。be at home は「在宅する」。(　　)内は通常日本語。

---

hang onはhold on でもよいし、後半はMommy, you are wanted on the phone. でもよい。**言いかえ** 「すみません、出掛けています」Sorry, (but) she is out.

もちろん、Thank you. でもよい。

39 何見てるの

音声119

☐ 何見ているの? お母さん。

What are you looking at, Mommy?

桜ちゃん(こども)

☐ あのお花よ。美しいでしょう。

Those flowers. Aren't they beautiful?

☐ 何というお花?

What name is the flower?

桜ちゃん(こども)

☐ 水仙よ。においもするのよ。

Daffodils. They smell sweet.

お母さんのすることは何でも気になる。言いかえ「何読んでいるの」What are you reading?

本当にお付き合いが大変だが、こまめなお付き合いが言葉の世界を広げていく。

What name is ～? はWhat is the name of the flower?と言ってもよい。

daffodilは「水仙」。他に野花と言えば、「タンポポ」dandelion、「アザミ」thistle、「ヒナギク」daisyなどがある。smell sweetは「甘い香りがする」。

40 何歌う

▶ 音声 120

□ お母さん、何歌う?

What will you sing, Mommy?

桜ちゃん（こども）

□ 桜、まず歌ってよ。「咲いた咲いた」はどう?

You sing first, Sakura. How about "*saita saita*"?

□ 今度はお母さんの番。

Your turn, Mommy.

桜ちゃん（こども）

□ 何歌おうか。それじゃ、「象さん」にするわ。

What shall I sing? OK, I'll sing "*zou-san*".

これは歌の歌いっこである。（桜ちゃんのおじいさんは英語の歌は知らないので、だいたい子供の頃習った童謡を歌います。お得意は「出た出た月が～♪」です。）

---

saita saita は「咲いた、咲いた、チュウリップの花が～♪」の童謡。

歌詞にはご用心を。（晩酌中のおじいさん、せがまれるままに「富士の高嶺に～♪」と歌っていたら、いつの間にやら桜ちゃん歌詞の一部を覚えてしまい、おじいさんは後でお母さんにたっぷり叱られました。）

---

shall I ～？は「～しようか」。*zou-san* は「象さん」の童謡。

雛祭り

お母さん　桜、お雛様を飾るの手伝ってくれる？

桜　いいわよ。でもなぜ？

お母さん　明日は何の日か知ってる？

桜　知らない。

お母さん　女の子のお祭りで、雛祭りというんだよ。

桜　雛祭りってなあに？

お母さん　白酒、桃の花、雛餅でお祝いするの。

桜　お祝いするとどうなるの？

お母さん　女の子の健やかな成長と幸福を願うの。

桜　ココは？

お母さん　男の子は５月５日にお祝いするのよ。明日は着物を着るのよ。

桜　うわぁ、待ち遠しいな。

Girls' festival

音声 001

Mama Sakura, can you help me with setting the dolls?

Sakura Okay, but what for?

Mama Do you know what day tomorrow is?

Sakura I don't know.

Mama The festival for girls, called dolls' festival.

Sakura What is it?

Mama We celebrate it with white rice wine, peach blossoms and rice cakes.

Sakura What happens to us when we celebrate?

Mama We wish for girls' healthy growth and their happiness.

Sakura How about Koko?

Mama Boys are celebrated on the 5th of May. You have to wear *kimono* tomorrow.

Sakura Wow! I can't wait.

お盆

お母さん　来週は新潟へ行くよ。
桜　新幹線に乗るの？
お母さん　そうよ。ジジババにずーと会っていないもんね。

桜　新潟で何するの？
お母さん　お盆なので、お寺へ行って、お墓にお参りするの。

桜　お盆ってなあに？
お母さん　亡くなった人がお家へ帰ってくる日のこと。

桜　わからないわ。
お母さん　いいわよ。そのうちわかるから。
お母さん　それからね、盆踊りもあるよ。みんな浴衣を着て踊るのよ。桜も踊る？

桜　うん、踊りたい。
お母さん　それから、たこ焼き屋さんとか綿あめ屋さん金魚屋さんなんかの屋台がたくさん来るよ。
桜　楽しそう。

Obon

音声 002

Mama We are going to Niigata next week.

Sakura Are we taking *Shinkansen*?

Mama That's right. You've not seen your grandparents for a long time.

Sakura What is there to do?

Mama When *obon* comes, we're supposed to visit our family temple and pray before our family tomb.

Sakura What is *obon*?

Mama It's the days when the spirits of dead people are to come home.

Sakura I can't understand.

Mama That's all right. You'll understand someday.

Mama In addition, there'll be a *bon* dance. People dance in *yukata*. Do you want to dance, too, Sakura?

Sakura Yeah, I'd love to.

Mama And there'll be festival stands, like *takoyaki*, cotton candy, goldfish-seller and many others.

Sakura It sounds like fun.

お正月

桜　もういくつ寝るとお正月？
お母さん　後５つ寝るとお正月よ、桜。
桜　お正月には何するの？
お母さん　新年を祝うためにごちそうをつくって食べるの。

桜　どんなごちそうがあるの？
お母さん　お正月のごちそうはおせちというの。それから、元旦の朝にはお雑煮を食べるんだよ。
桜　お雑煮っておいしいの？
お母さん　おもちも入っていて、それはそれはほっぺが落ちるくらいおいしいよ。
お母さん　その日は、神社をお参りし、帰りにはジジババの家へご挨拶に行きます。

桜　ジジバハ元気かな？
お母さん　いい子にしているとお年玉いただけるよ。
桜　お年玉ってなあに？
お母さん　お正月のお小遣いよ。
桜　やった。

New Year's Day

音声 003

Sakura How many more days till New Year's Day?

Mama Five more days, Sakura.

Sakura What do you do on New Year's Day?

Mama We cook a New Year's feast and eat to celebrate it.

Sakura What kind of feast?

Mama We call it *osechi*, and we also eat *ozouni* on the morning of New Year's Day.

Sakura Is *ozouni* tasty?

Mama Yeah, it's delicious with *omochi* in it. It's as if your cheeks fall off.

Mama On the same day we visit the shrine to pray and drop in at your grandparents' house to greet them.

Sakura Are they all fine?

Mama Good children could get *otoshidama*.

Sakura What is *otoshidama*?

Mama New Year's allowance.

Sakura Hooray!

補足

ラクガキ

*桜ちゃんのおじいさんは桜ちゃんには「日本語は使わない」と宣言したものの、実際にはちょこちょこ使う破目になっています。というのは、英語で話すのは桜ちゃん（航ちゃんはまだなので）とおじいさんだけで、それ以外の家族とは桜ちゃんもおじいさんも日本語で喋っています。こんなわけで、実際の生活の中では桜ちゃんとおじいさんが一緒に日本語の輪の中に入ってしまうということがよく起こります。このような場合おじいさんは日本語を優先させます。桜ちゃんもそのことをよく知っていて英語は使いません。こんな時二人は日本語で喋らないわけではありませ

今まで扱ってきた表現はお母さんが赤ちゃんに話し掛けるためのものが大半でした。しかし、ここで扱っている表現は幼児（もう赤ちゃんとはいいません）が使うためのものです。詳しく説明します。

アウトプットが開始され、幼児はどんどん親から押し寄せてくる情報を処理し、自分の考えを言葉で返さなければなりません。また、積極的に自分の要求や考えを述べたり、質問をしたりする必要も出てきます。一般的に幼児は、それらの方法を言葉が飛び交う家庭で、見様見真似でそれほど苦労せずに身に付けることになります。ところが、ここでのように発信源がお母さん一人の場合には幼児がこれを自分一人で身に付けるのはとても大変です。いくらお母さんが話し掛けても、それに対する返答方法がわからなければ黙っているしかありません。それをうまく進めるためには初めはある程度お母さんの方でその返答方法を用意してあげる必要も出てきます。補足はそのための表現です。大ざっぱに三つに分けて載せてあります。

直ぐに使えるものばかりではありませんが、適宜必要に応じてご利用いただけます。

んが、何となく日本語での直接会話は避けているようにも見えます。もしかするとこれは日本語を優先しつつも、絶対的に使用量の多い日本語に圧倒されてしまわないためのおじいさんの方策なのかもしれません。

*時折、解説欄にも（　　）付きで顔を出させてもらいましたが、「落書き」もこれで終わりとなります。お付き合いありがとうございました。成功をお祈りします。

母親から来る情報に答える表現

Yes / No はい。/ いいえ。— 最も一般的な質問に対する返答。

(Are you hungry?)

お腹すいてる。

Yes, (I'm) hungry.

うん、すいている。

No, (I'm) not hungry.

ううん、すいてない。

(Do you want some more *gohan*?)

もう少しごはん食べる。

Yes, please.

うん、食べる。

No, I'm [full / fine].

ううん、(いっぱい。/ いらない。)

yeah うん。— yesよりくだけた言い方。幼児には発音しやすいようである。

(Are you sleepy?)

眠いの。

Yeah, (very) sleepy.

うん、(とても) 眠い。

Okay または OK いいよ。わかった。

(Let's eat dinner.)

夕ご飯食べよう。

Okay, *itadakimasu*.

それじゃあ、いただきます。

Sure. もちろん。いいですとも。

(Can you help me?)

お手伝いしてくれる。

Sure. What do you want?

いいわよ、何すればいいの。

I know. わかってる。

(Daddy's waiting for you.)

お父さん待ってるよ。

I know.

わかってる。

I will. わかった。そうする。

(Watch out for the traffic.)

車に気をつけてよ。

I will.

わかった。

Yes, please. はい、お願いします。

(Can I take you to kindergarten?)

幼稚園まで送ろうか。

Yes, please.

うん、そうして。

I don't like [it / them]. それ嫌い。

(You have to eat the veggies.)

野菜食べなきゃ。

No, I don't like them.

いや、それ嫌い。

I'm coming. 今行きます。

(The bath is ready.)

お風呂いいわよ。

I'm coming.

今行く。

(It's) [good /the best]. 美味しい。/ 最高。

(How do you like the shrimp tempura?)

この海老天どう。

It's [good / the best].

美味しい。/ 最高。

You're welcome.　どういたしまして。

([Thank you. / Thanks.] You are a big help.)

（ありがとう。/ どうもね。）大助かりよ。

You're welcome.

どういたしまして。

I got it.　了解。

(Put away the toys if you go out.)

外へ行くのであればおもちゃ片付けて。

I got it.

わかった。

I don't know.　わからない。

(Where is your bag?)

バッグどうしたの。

I don't know.

知らない。

That sounds like fun.　楽しそうだね。

(Would you like to go to the zoo?)

動物園はどう。

That sounds like fun.

楽しそう。

自分の状態や要求を述べる表現

I'm ~.　私は〜だ。

I'm [full / sleepy]. など。
私は(お腹いっぱい/眠い)。

I'm [fine/ good]. など。
私は(調子がいい/気分がいい)。

I'm [cold / hot]. など。
私は(寒い/暑い)。

I'm scared. / It's scary. など。
(私は)怖い。/(それは)怖い。

I had a lot of fun. / It was a lot of fun. など。
(私は)とても楽しかった。/(それは)とても楽しかった。

I want ~.　私は〜が欲しい。

I want [it / this / that / a toy car]. など。
私は(それ/これ/あれ/オモチャの車)が欲しい。

I want to (wanna) do ~. 私は～したい。

（幼児にはwannaは発音し易い）

I want to [watch the TV / go shopping]. など。

テレビが見たい。/買い物に行きたい。

その他

I like ~. 私は～が好きだ。

I like to do ~. 私は～するのが好きだ。

I would like to do ~. ～したい。**want to do**より丁寧。

I would love to do ~. ～したい。女性的で大げさな感じ。

Can I do ~ ? ～してもいいですか。

Can I [eat *oyatsu* / go out]? など。

おやつ食べてもいい。/出かけてもいい。

（**May I do ~?** も同じような意味だがより丁寧）

Can you do ~? ～してくれますか。

Can you [peel the orange / pick me up]? など。

みかんの皮むいてくれる。/迎えに来てくれる。

I can do ~.　～できるよ。

I can [do up the Velcro / blow a whistle]. など。
マジックテープ留められるよ。/ 笛ふけるよ。

I can't do ~.　～できない。

I can't [take off my shoes / do a somersault]. など。
靴が脱げない。/ でんぐり返りができない。

Watch me!　こっち見て。

Watch me! I'll jump off the rock. など。
見て、この岩から飛び降りるよ。

質問や提案のための表現

What's ~?　～は何。

What's [this / that]? など。
これなあに。/ あれなあに。

Where's ~?　～はどこ。

Where's [Mom / my rubber duck]? など。
お母さんどこ。/ 私のアヒルさんどこ。

Why ~? なぜ。

Why? なんで。　何にでも使える。

Why do we say *itadakimasu* before a meal? など。

なんでご飯の前にいただきますなの。

Let's do ~. ～しようよ。

Let's [play the game / go to the park]. など。

ゲームしよう。/ 公園へ行こう。

How about ~ ? ～はどう。

How about [playing with the ball / going to the playground]? など。

ボールで遊ばない。/ 遊び場へ行かない。

Shall I ～ ? ～しようか。

Shall I [turn off the TV / shut the door]? など。

テレビ消そうか。／ドア閉めようか。

Will you ～ ? ～してくれる。

Will you [help me with the bag / take me for a drive]? など。

カバン持ってくれる。/ ドライブに連れていってくれる。

学校の英語とは違います

英語というと、どうしても学校で習った英語の勉強方法や知識が頭に浮かびます。しかし、ここでやることはそれとは違います。

実際、ここでは「英文和訳」も「和文英訳」もありません。「辞書」も「文法書」もほとんど使いません。「暗記」も「テスト」もありません。「テスト」がないのだから「点数」もありません。「間違いはいくらやってもいい。むしろ大歓迎」です。

「お前は一体何をやらせる気なのだ。それで本当に英語が覚えられるのか。」と言われそうですが、ここでやることは学習の内容も方法も全く違うのです。具体的に整理してみます。

● 目指すもの

学校英語では「日本語を通して英語の内容を理解しようとする」が、ここでは「日本語を通さず英語だけで物事を理解しようとする」。

● 習熟しなければならないもの

学校英語では「英文の構造を知るための英文法と文法で処理できない単語や慣用語句の日本語訳に習熟しなければならない」が、ここでは「英語のリズム（抑揚）や音声、つまりその聞き取りと発声に習熟しなければならない」。

●しなければならないこと

学校英語では「上記を使って、英文の意味を日本語で導きだしたり、時にはその反対を練習する」が、ここでは「英語のリズムや音声が一応できるようになれば、ひたすらそれを使った意思の伝達練習となる」。

●何のためにやるか

学校英語は「好むと好まざるとにかかわらずやらされ、結果として主に受験や資格検定試験の準備となる」が、ここでは「やるやらないは全く自由。目標は地球ベースでの意思疎通」。

同じ英語という名前が付いていても中身は天と地ほども違います。これを学習結果から見た場合は次のようになります。学校英語で育ったお母さんは常に日本語訳が欲しくなります（これは自分で日本語訳ができるとかできないという意味ではありません）が、ここで育った赤ちゃんは日本語訳はいらないのです。英語だけで十分なのです。

ここが違うところです。

おわりに

今に始まったことではないのですが、と桜ちゃんのお母さんは話します。父が「桜には日本語は使わないが、それでもよいか」と言い出した時は本当に心配しました。学校で英語を教えていたとは言え、アメリカ人やイギリス人のネイティブでもないのに、生まれたての赤ちゃんに変なものを教え込まれたら取り返しがつかないのではないか。しかし、全ては杞憂でした。日本語も問題はないようだし、英語もまずまずのようです。桜はおじいさんから楽しそうに英語の絵本を読んでもらっていますし、もう少しお話ができるようになったらジジの言葉を話すお友だちに会うのだそうです。

桜を見ていると、英語なんて大層なものと考えない方がいいようです。また、初めから完璧などは馬鹿げた考えです。相手のある会話では完璧なやり取りなど求めてみようもありません。桜はもちろん、父だってネイティブのように話せるとは思えませんし、いつも文法的に正しい話し方をしているとも思われません。言葉は、「意思が伝わる」ということをベースにして、使い（間違え）ながらひとつひとつ覚え（洗練し）ていくしかないことを知りました。

これは新鮮な驚きです。まだほんの片言ですが、父が開けてくれたこの扉はとても貴重なものに思えてきます。ドラマは始まったばかりです。せっかく開けてもらった扉が閉まってしまわないようにするにはどうしたらよいのかを夫と話し合っています。

それにしても不思議なことがあります。桜は、私たちにもそうなのですが、お友達には一切英語のことは口にしません。どうしてなのか聞いてみたい気もしますが、特に問題もないので暫くはこのまま見守るつもりです。

著者紹介

酒井 文秀（さかい・ふみひで）

新潟県出身。早稲田大学（一文 英文）卒。
大学卒業後新潟県立高校の先生となる。
新潟南高校を最後に県立高校を退職する。
その後、私立の新潟第一、新潟明訓でも教え、現在はフリー。
趣味：若い頃は、旅が好きで、休みになると一人で世界の各地へ出かけたが、今はもっぱら暖かい間は山で木を伐採して薪を作り、寒くなるとそれを順次ストーブで燃やして楽しんでいる。また、年来の作庭に加え、最近は俳句に凝っている。
主な著書：『日本人のための英作文練習帳』『内容を的確につかむ英文の読み方』（共にベレ出版）、SADO：An oddly enticing isle（英文）(アマゾン電子出版) などがある。

〈英文校正〉

Brooke Lathram-Abe

◉── カバー・本文デザイン　都井 美穂子
◉── カバー・本文イラスト　くぼ あやこ
◉── 付属音声ナレーション　Karen Haedrich / 五十嵐 由佳
◉── DTP　スタジオ・ポストエイジ
◉── 校正　林 千根

［音声DL付］0歳からはじめる 子育ての英語

2021年 4月 25日　初版発行

著者	酒井 文秀
発行者	内田 真介
発行・発売	ベレ出版 〒162-0832　東京都新宿区岩戸町12 レベッカビル TEL.03-5225-4790　FAX.03-5225-4795 ホームページ　https://www.beret.co.jp/
印刷	モリモト印刷株式会社
製本	株式会社 宮田製本所

ISBN 978-4-86064-648-6 C2082　　編集担当　綿引 ゆか